THE EDUCATION OF A VALUE INVESTOR

MY TRANSFORMATIVE QUEST FOR WEALTH, WISDOM, AND ENLIGHTENMENT

華爾街之狼從良記

Guy Spier

蓋伊・斯皮爾————著

劉道捷————譯

Contents

推薦序
最寶貴的教訓，往往是在最艱苦的時光中學到的 *7*

推薦序
一個價值投資者的養成教育
──成功就是不計代價變成更真誠的自我 *11*

前言
投資的心理遊戲與人生的心理遊戲 *15*
努力從你的錯誤中學習，更好的是，要從別人的錯誤中學習！

第一章
從深入虎穴到巴菲特 *19*
建立好名聲要花二十年，毀掉好名聲只需要五分鐘。如果你想到這一點，你的做法會大不相同。

第二章
精英教育的危險 *39*
智慧的起源是拋棄狹隘的偏見。

第三章
過火重生──價值型投資人的初階 *53*
榮耀不屬於評論家；榮耀歸於真正站在競技場上，臉孔被塵土、汗水和鮮血沾染的人。

第四章

深陷紐約旋渦 *71*

我們身為投資人，都有不少缺點，關鍵在於接受我們自己。了解我們的差異和限制，想出避開這些問題的方法。

第五章

認識大師的智慧 *89*

有些企業會成功，是因為做對了一件正確的事情。但是，大多數企業會成功，是因為做對了很多小事。

第六章

跟巴菲特共進午餐 *105*

真正的成功之道是走上真誠之路。

第七章

金融海嘯，墜入虛無 *123*

只有在退潮時，你才會發現誰在裸泳。

第八章

我打造的奧馬哈──創造理想的環境 *141*

建構自己的環境，以便對抗自己的心智弱點、習性和不理性傾向。

第九章

投資以外，還要學會放鬆 *165*

如果你投資以外的生活一片混亂，一定很難創造良好的投資。

第十章

投資工具──建立更好的程序 *181*

我只想知道我會死在什麼地方，這樣我就可以永遠不去那裡。

第十一章

投資人的檢查清單──從外科醫生學到的生存策略 *203*

檢查清單能夠幫助記憶，尤其是幫忙記起「容易忽略的平凡小事」。

第十二章

在狗咬狗的金錢天地裡實行文明的投資之道 *229*

最重要的事情莫過於在你的生活中找到更好的人。

第十三章

追求真正的價值 *249*

為了創造永續成就，不管我們有什麼弱點，我們都必須面對。

致謝 *259*

附錄

參考書目與建議閱讀指南 *267*

推薦序

最寶貴的教訓，往往是在最艱苦的時光中學到的

查理‧孟格這樣說過：「不應該覺得投資做起來很容易，覺得它容易的人都很蠢。」這句話如果是在我唸書時聽到，絕對是嗤之以鼻。學生時期剛接觸投資，總認為投資就是個工程，市場有個運作完美的公式，只要照著公式投資獲利並不難。

投資是一門生活哲學

而這個所謂正確的公式，從一開始的技術分析，到後來拜伏於價值投資之下，在經過多年市場洗禮，現在卻深深感悟到——投資著實很不容易。面對難以捉摸的市場，下跌時的恐懼和上漲時的貪婪，往往容易讓人過於悲觀或樂觀；無法克服人性中喜好跟隨大眾的弱點，縱然有再好的分析技巧與資訊來源，仍然難以做出理性正確的決策。以此來看，投資人的性格、心態、經驗如何培養和累積，比技巧和資訊更為重要。這使得投資像是

7

一門生活哲學而不是一套工程。

正因這種哲學性特質，使得投資困難度比你我想像中的高。投資沒有一套通用公式，對於某個人很有用的方法，對你而言可能完全不適合；投資也不是智力考試，聰明的人不一定就能獲利，不然聰明如牛頓，也不會在南海泡沫賠上身家。投資也不是競爭活動，你無法透過打敗別人而獲利，甚至這種想和他人比較的競爭心態，往往是造成重大虧損的原因。投資更無法透過眾人決策而得到報酬，許多時候市場或專家的共識，往往和結果南轅北轍，但要違逆大眾本身就是違反人性之事。

成功投資者的心態

相較於市面上投資書籍普遍著重於技巧與方法論述，蓋伊·斯皮爾這本書直指了投資最重要的關鍵：成功投資者的心態該如何建立。作者早年於華爾街投資銀行工作，看似光鮮亮麗的背後，其實是靠著誤導投資人榨取違法獲利。這不只折磨著作者內心道德觀，華爾街貪婪的體制和錯誤價值觀，更對蓋伊·斯皮爾早年投資帶來不少的傷害。

本書最大可看性之一，正是在於作者透過自身學習價值投資的歷程，讓讀者清楚地了解，如何透過一些有效的技巧：刻意的模仿卓越投資人，與正確的投資智囊團交往，建立自身可能常犯錯誤的檢查清單，以及主動製造排除充滿雜訊的外在生活環境，

克服投資路程上可能會碰到的非理性錯誤。

　　本書的可看性之二在於：不同於市面上書籍多半探討成功案例與人物，作者大篇幅的談論投資生涯犯下的各種錯誤。只關注投資成功案例，最大風險在於陷入邏輯上的倖存者偏差（survivorship bias）誤以為成功案例所採取的方法一定有效，卻不知道可能有更多人採取相同方法卻失敗，只是媒體或書籍很少會去報導失敗者而已。透過閱讀蓋伊・斯皮爾二十年寶貴的投資失敗經驗，我們等於提前避開了投資路上種種陷阱，其對投資報酬幫助可能比成功案例來的更為有用。

　　本書的可看性之三在於：作者和許多知名投資人互動的有趣軼事。蓋伊・斯皮爾在書裡花了不少的細節，描寫自己親身和卓越的價值投資人的互動細節，包括了與眾人熟知的股神巴菲特午餐、與孟格的書信往來、還有與莫尼希・巴布來（Mohnish Pabrai）長期餐聚互動，書中印象讓我最深刻的，便是作者提到與比爾・艾克曼（Bill Ackman）一起放空農地美（Farmer Mac）的經驗。比爾・艾克曼是作者蓋伊・斯皮爾長期聚會的會友，原本作者對於農地美非常看好買進，但比爾・艾克曼在研究過後，卻認為農地美問題重重而大舉放空，作者在書裡這樣描寫：「他看出我還不完全了解，便邀請我到他的辦公室去，到了那裡，讓我驚異的是，書架上放滿農地美公司十多年印刷檔案的書架，檔案的封面上都有注解和寫了注釋的貼紙，他也印出農地美公司很多推動證券化的憑證……。」雖然一般大眾對於比爾・艾克曼投資風

格評價兩極，但從上面的描寫，無疑可以看出比爾‧艾克曼在研究時的鉅細靡遺，以及忠於自己、敢於提出不同大眾的看法的自信。這些名人的軼事，無疑更增加了閱讀此書的趣味性。

橡樹資本的主席霍華‧馬克斯（Howard Marks）曾說過：「最寶貴的教訓往往是在最艱苦的時光中學到的。」但要親身度過艱苦的時光總是苦澀，透過本書作者蓋伊‧斯皮爾無私的分享失敗經驗，我們無需體驗那般痛苦經驗，也能得到作者二十年來的寶貴教訓。不論你是否為價值投資人，相信此書一定也能對你在投資上有所啟發。

財報狗
台灣最大的基本面資訊平台與社群

推薦序

一個價值投資者的養成教育——成功就是不計代價變成更真誠的自我！

　　蓋伊‧斯皮爾這本《華爾街之狼從良記》是一本非常棒的好書，作者在本書之中極為真誠地述說他成為價值投資者的心路歷程，曾經犯過的錯誤和改正的方法。

　　我們每個人都曾在投資的過程中跌跌撞撞過，跌倒並不可恥，如同此書中說到的：「榮耀不屬於評論家；也不屬於指出強者如何失足、或對真正行動的人指指點點、敘說怎麼樣可以做得更好的人。榮耀歸於真正站在競技場上，臉孔被塵土、汗水和鮮血沾染的人。」蓋伊‧斯皮爾這本書中最珍貴的，就是他在低潮時刻，過火重生的意志和堅決面對細節的執行力。

　　蓋伊‧斯皮爾是非常聰明的投資人，像很多價值投資者一樣，他也希望自己能夠像巴菲特一樣優秀，因此他用驚人的密度學習巴菲特的所有優點，透過了「紐約旋渦」和「與巴菲特共進午餐」之後，他發現了——真正的投資是做最真誠的自己。

　　做真正的自己，這句話聽起來像是老生常談，但是最有用的

概念往往來自於此。每個人有屬於自己的獨特天賦才華，也只有自己才知道最擅長的領域是哪些，你只有在專長領域才能獲得獨特的優勢，用價值投資的觀念來說就是：「固守能力範圍」。

本書的每個章節都很精彩，值得反覆閱讀，讀者看完這本書之後，要怎樣使用本書的心法來提升你的投資績效？我建議做三件事情──

一、研究你的投資英雄：尋求典範改善心智

巴菲特說過：「慎選你的英雄，你的英雄非常重要。」現在這個時代，充斥著過多的行銷資訊和媒體造神，所以要找到真正堪稱身邊的「典範」人物是很困難的，如果你真的很幸運地遇到了一個足以學習的對象，那麼要集中你的精神和力量去進入他們的「力場」之中，用來提升自己。

如果身邊沒有好的學習對象呢？你可以從歷史、書本和傳奇價值投資者學習，我推薦學習的投資英雄有：葛拉漢、菲利浦・費雪、巴菲特、查理・孟格、約翰・聶夫、塞思・卡拉曼，當然蓋伊・斯皮爾也名列其中。

讀者可以找到這些典範人物的相關著作，研究他們在投資執行上的的所有細節，當你身處不順利的投資環境之中，思考這些逆境的英雄如何突破困境，讓你的心智力量和英雄一致，這會是你最佳的行動方案。當你開始改變的時候，周圍自然會呼應你的

改變。

二、改善你的投資環境：對抗心智弱點

環境很重要，更重要的是建構一個能夠對抗自己心智弱點的環境。

當我們狀況良好的時候，總是認為自己能做出最好的判斷。但實際上，人腦本身的設計是存在缺陷的，尤其在壓力來臨的時候，心理學上的設計缺陷會讓你的行為失常，查理‧孟格將此稱之為「人類誤判心理學」。

例如在崩盤的時候，一開始你可能毫不在乎，之後卻逐漸受到帳面損失，或者同伴友人的情緒，以及操作進出這些「社會認同傾向」影響，導致投資失利。反過來說，當獲利的時候，你可能開始和他人比較報酬率，導致產生另一種失誤。

要避免這樣的狀況，蓋伊‧斯皮爾用的方式是避開繁華的紐約，搬到蘇黎世，同時調整上班地點和住家的通勤距離，避免上述的「非理性力量」影響他的心智。更甚至做到調整辦公室的設備位置、擺設查理‧孟格的銅像來提醒自己避免犯錯，也許你覺得這樣有點誇張，在自己的工作環境之中，如果有我們的典範形象，那麼會給我們心智上極大的幫助。實際上，就是這些微小的差別，導致最後在投資上結果的不同。

三、建立專屬投資工具：投資原則與檢查清單

　　除了前面兩項，還必須要有一個固定、有用的投資工作流程，來輔助你的投資行為，蓋伊・斯皮爾有他的八大投資原則和檢查清單，讀者可以自己建立自己的投資SOP和檢查清單，透過這兩個工具，能夠幫助你鞏固投資流程，找出投資的漏洞。如果讀者本身沒有SOP，可以參考市面上的投資書，再逐步改良成自己的專屬風格。

　　當你在做這三件事情的時候，一定會面臨執行上的困難，這時候不妨拿起本書，你會驚訝地發現原本簡單瀏覽過的文字章節變得更加清晰貼近，同時你也會從中發現到進步的力量。

雷浩斯

知名財經作家　價值投資者

前言

投資的心理遊戲與人生的心理遊戲

努力從你的錯誤中學習，更好的是，
要從別人的錯誤中學習！

　　我寫這本書，目的是分享我走在投資之路上學到的東西。本
書談的是我這位投資人的教育，跟任何其他投資人的教育無關。
這個故事既不是投資指南，也不是道路路線圖，而是一段我的投
資旅程和沿路學習的故事，書中將談到我的缺點、自負，以及我
的特殊能力和相當多的盲點。

　　我希望跟你分享多年來我碰過的一些深奧遠見和有力工具。
這些事情大都是沒有寫在教科書裡的東西。因為本書的故事跟現
實世界中正在發生的事情有關，也因為現實世界混亂之極，書中
主題涵蓋的範圍相當龐雜，從最微不足道的閱讀習慣培養，到最
為重要的如應當選擇什麼人物當英雄典範和貴人，以及他們的睿
智可能改變你一生的重大問題。

　　本書追蹤的是重大轉型的弧線。我開始入行時，是自以為
是、目光短淺、自私自利的人，一心一意想變成堅稱貪婪是美
德的戈登·蓋柯（Gordon Gekko）。然後，一系列的轉型和自

我實現，促使我踏上轉變之旅，從班傑明·葛拉漢（Benjamin Graham）筆下的《智慧型股票投資人》（*Intelligent Investor*），變成魯安·康尼夫（Ruane Cunniff）公司旗下那種高明的投資經理人，再變成《窮查理的普通常識》（*Poor Charlie's Almanack*）書中，終身追隨美國股神華倫·巴菲特（Warren Buffett）的查理·孟格（Charles T. Munger），然後變成影響力大師羅伯特·席爾迪尼（Robert Cialdini）的信徒。接著，與著名的價值型投資基金經理人莫尼希·巴布來（Mohnish Pabrai）認識，再跟巴菲特共進午餐，而這一頓價值65萬100美元的午餐影響所及，改變了我的一生，你在後文中自然會看出來。

跟巴菲特共進午餐後的一年內，我資遣了三分之二在紐約的員工，把一半家產儲蓄起來，並將另一半移轉到我們後來定居的蘇黎世。我對自己所管理基金的新投資人，我不再收取管理費；我關掉自己的彭博資訊監視器，戒除時時刻刻查看股價變化的危險癮頭。

我倒不主張你也應該跟巴菲特共進午餐──特別是2012年跟他共餐的價碼飆到346萬美元的此刻，更是如此！我也不會自稱對他特別了解。然而，我可以告訴你的是，他對於我的投資方法和過日子的方式，確實具有非同小可的影響。我希望可以與你一同分享我從他身上學到的一些寶貴教訓，好讓你像我一樣，從中得到莫大的好處。

我花了將近二十年的時間，才走上比較光明的人生道路。

一路走來，我犯了很多錯誤，浪費了很多時間，希望本書能夠幫助你更快的走上光明的道路，少犯一些錯誤。就像巴菲特說的一樣，「努力從你的錯誤中學習，更好的是，要從別人的錯誤中學習！」

　　我要告訴你的是，如果你學到本書中的若干教訓，你一定會發財——而且可能發大財。而我所學到的明智教訓——不只是從我的英雄身上學到，也從自己的錯誤和成功中學到的教訓——確實對身為投資人的我，有著無可估量的幫助。截至我寫到這裡為止，1997年我所創立的海藍寶資金（Aquamarine Fund）已經為我累積了463%的報酬率，同期內，標準普爾500指數（S&P 500 index）的累積報酬率為167%。換句話說，當年在這檔基金中投資100萬美元，現在會變成563萬美元，投資在標準普爾500指數中，現在會變成270萬美元。

　　本書跟投資的心理遊戲有關，而且，也跟人生的心理遊戲有關。就像我慢慢發現的一樣，投資是遠遠超越金錢的事情。因此，隨著你的財富增加，我希望你也能夠逐漸了解到，金錢並不是最重要的，而是希望你會發現把大部分的財富回饋給社會，才是你想要的。

　　你不太了解最後這幾句話，是嗎？沒問題，我一生的大部分時間裡，也不了解這一點，我身心靈的一部分仍然對這一點有所懷疑，我和你一樣，還是個正在製作的半成品。

　　最近不少人告訴我們資本主義失敗的原因，並提出我們必須

用更嚴苛的監管，控制貪婪的銀行家和不負責任的企業執行長，而且財富應該更積極的重新分配。或許如此。但是貪婪也可能是通向內心更深處的工具。就我的經驗來說，你可以從飢餓的年輕資本主義信徒起家，幾乎完全受貪婪驅使，然後逐漸發現，貪婪會引領你形成比較開明的心胸。如果是這樣，貪婪畢竟還是好事——如果貪婪不單只是促使你追求多多益善，而是更促使你追求精神成長與啟發的內心之旅。

我在書末會詳細解釋這個教訓，但我們首先要深入虎穴。

第一章

從深入虎穴到巴菲特

建立好名聲要花二十年，毀掉好名聲只需要五分鐘。
如果你想到這一點，你的做法會大不相同。

啊，但願這一個太堅實的肉體會融解、消散，化成一堆露水！
人世間的一切在我看來是多麼可厭、陳腐、乏味而無聊！
哼！哼！那是一個荒蕪不冶的花園，長滿了惡毒的莠草。

——《哈姆雷特》

你曾有過這樣的感覺嗎？感到徹底的自怨自艾嗎？不過，我跟哈姆雷特不同，我沒有自殺傾向，但我覺得自己幾乎跟他一樣不幸。我憎惡所有的投資銀行家，尤其是跟我共事的投資銀行家。我也同樣厭憎我所服務的投資銀行，不過，最糟糕的是，我討厭自己。

初生之犢，蓄勢待發

不到兩年前，我還意氣風發地覺得自己已做好萬全準備，打

19

算征服世界。當時我是個哈佛商學院的學生，此外，我還以頂尖成績從牛津大學畢業，拿到經濟學學位。未來似乎有無可限量的可能，直到我將一切浪擲在魯莽、愚蠢的事業生涯行動上為止。

1993年，就在我從哈佛畢業前幾個月，我看到一則徵人啟事，布萊爾投資銀行公司（D. H. Blair Investment Banking Corp.）正在招募董事長助理。我研讀過不少跟投資銀行相關的資訊，幻想自己是這群出人頭地、號稱宇宙大帝中的一分子。

我帶著年輕氣盛的自信，首途前往紐約市，跟布萊爾公司董事長墨頓·戴維斯（J. Morton Davis）晤談。戴維斯出身布魯克林猶太裔貧童，1959年從哈佛商學院畢業後，一路奮發向上，變成1904年所創布萊爾公司的所有人兼董事長。我從別人口中得知，他替自己賺了幾億美元。

我前往那間位於華爾街44號，裝潢鑲著木板的董事長辦公室與他面會。這間辦公室看似已經多年沒有重新裝潢過，像從老摩根（John Pierpont Morgan）時代流傳下來的傳統合夥投資銀行，事實上，摩根銀行（J. P. Morgan）的總部幾乎就在隔壁。

戴維斯是完美之至的業務員，他在言談間高明的引誘我上鉤，談完他在生物科技之類的熱門領域完成的一些重大交易後，他還加了一句話：「你會立刻開始進行交易，並且直接跟我一起工作。」他向我保證，跟他在一起，我會創造「無限的」成就，然後他送我一本法蘭克·貝特格（Frank Bettger）的傑作《我是這樣從銷售失敗走向成功的》（*How I Raised Myself from Failure to*

Success in Selling）。我欣賞他不被看好、卻能夠不流俗套地白手起家，創造出驚人成就的事實。

不久之後，我看到《紐約時報》的一篇文章，指出布萊爾公司是「聲名狼藉」的經紀商，旗下「營業員聲名狼藉，當顧客要求出清股票時，拒絕讓他們賣出。」這篇文章也提到，德拉瓦州的證券主管機關曾經打算撤銷布萊爾的執照，而且夏威夷的主管機關說布萊爾利用詐欺和欺騙銷售手法。當我回公司詢問戴維斯有關這篇文章所說的真相究竟是如何時，他告訴我，那是大家嫉妒布萊爾的成功，試圖想要搞垮公司。然而，我居然好騙到全盤相信他的說詞。

當一些哈佛朋友們聽說我要進布萊爾公司服務時，都大吃一驚，而我卻沒有理會他們的警告。當時的我很自大，還有點叛逆，決心不走入高盛（Goldman Sachs）和摩根之類老牌公司的老路。我希望自己開路，表現更多的企業精神。而戴維斯恰巧給了一個我應該拒絕、卻難以拒絕的機會，因此我簽約受聘，一心認為自己抓住大好良機，只等華爾街指點錢途。

我抱著絕大的希望，在1993年9月，進入布萊爾公司，掛上副總裁的響亮頭銜。我跟一位好心、年紀比較大的投資銀行家，共用2樓一間燈光暗淡、鑲著木板的辦公室。他已經好多年沒有完成過一筆交易，卻散發出投資銀行家值得尊敬的光輝，像是公司的中堅分子。

哈佛高材生的衝擊

上班才半年，我就感到痛苦萬分。從一開始，我就持續受到一連串的沉重打擊，首先，本來我以為自己是董事長唯一的助理，有機會在這位大師身旁觀察、學習，幫忙大師分析他碰到的各種機會，結果卻發現他另外還有兩位助理。

我們三人都有閃閃發亮的嶄新企業管理碩士學位，連恩（Len）來自哈佛商學院，朱魯（Drew）是華頓商學院的畢業生。這是狗咬狗的環境，我們三個不是團隊，而且我很快就明白，在分析方面，公司絕對不需要我們，我痛苦的得知華爾街的正常狀況是人力的供應總是超過需求，永遠不缺能夠把該做的事情做好的人。競爭很激烈，你的身後總有幾十個人在排隊，隨時準備取代你的位置。

我唯一能夠為這種環境增加價值、也是公司真正需要我做的事情，就是招來交易案。我想我樂於面對挑戰，畢竟，這才是這份工作的重大賣點。然而，我只是個新手，面對激烈的競爭，不論是公司內外，對布萊爾公司、對投資銀行或對紐約來說，我都只是個新手。

不過，我下定決心絕不辭職，辭職等於承認失敗。若是我的同學知道我犯了錯，會讓我感到羞恥。更糟糕的是，別人會把我說成是半途而廢的人，這種評價會緊緊跟著我。最重要的是，激勵我的正是別人怎麼看我，而不是我如何看待自己。如果情形正

好相反，我認為自己片刻都不會多待，會乾脆的離開，但是當時我渴望別人把我看成是成功的人。

我一心一意希望完成一筆交易，這樣我就可以宣稱勝利，然後選擇離開。因此，我堆出笑容、撥打電話，再出門奔波了好幾個月，不放過任何一個有可能性的交易線索，但總是無功而返。儘管我發揮極為強烈的男性氣概，決心努力追求成功，但我在拿到管理碩士後的第一份工作上，一切作為全都是徒勞。

我的問題不只是最好的交易都被高盛和摩根士丹利（Morgan Stanley）之流大公司搶走──不過這一點的確是事實，外面還有很多其他機會。但是，如果想把這些交易拉到布萊爾公司，我必須做自己從來沒有做過的事情。

布萊爾公司的專長在於創投基金和融資領域，吸引我進入這家公司的一點，就是有機會走在時代的尖端，資助新創企業，發展他們所擁有足以改變全世界的新科技。噢，我有沒有提到，在這發展過程中，我也能因此變得富貴無極？我除了自大、傲慢之外，也有著華爾街人士應有的貪婪。我當時認為自己已經走上通往極樂天地的快車道。

我要面對的殘酷事實是：擁有真正有用的科技或創新且一定會成功的公司是少之又少，連獲得高盛和摩根士丹利這類著名投資銀行資助的公司也是如此。

反之，絕大多數新創企業都屬於「可能成功」的類別。極多公司的經營團隊都無比渴望追求自己的夢想，談到爭取資金時，

幾乎使出渾身招數，什麼話都敢說、什麼事情都願意做。而我還
不了解這一點，就沉沒在這片由差勁交易構成的大海裡，遭到希
望我好心對待的企業新秀團團圍住。

交易檯面下的真相

我念中學時初次學到期望概率，接著在哈佛一門名叫「決策
理論」的課程中再度學到，期望概率殘酷無情的邏輯指出，如果
我要推薦一個案子，這個案子至少要有相當高的賺錢機會。鑑於
極多失敗的案例，真正能讓投資人賺到原始投資數倍金額的案子
卻極少，我粗略的計算是，案子要得到資助，至少要有50%以上
的成功機率。但是經過一段時間後，我開始相信布萊爾公司的標
準實在太低了。

我記得有一次，我參加布萊爾公司和一家企業的會議，這家
企業打算為自己的冷融合事業募集資金。在我研究過這些材料，
了解一點冷融合的項目背景後，脫口說道：「但是這其中的科學
理論不合理啊！」

我想暗示的意思是：「你們真的希望我扳著臉孔，告訴我們
的業務人員，這種鬼東西會一飛沖天嗎？」

在另一個例子裡，我們公司要為一家太空事業推動首次公
開發行（IPO），這家公司打算配合哈薩克的拜科努爾航太發射
站（Baikonur Cosmodrome）興建新的太空站 —— 前蘇聯旗下這

個共和國的舊政府官員，已經組成多家公司和實體，跟美國這家公司簽約。這家公司唯一的資產似乎是份外文寫的粗略合約，但是，這樣的合約在哈薩克的法院不可能執行，更不用說是紐約或倫敦的法院。如同跟冷融合的鬼話一樣，成功的機率實在微乎其微。

不過布萊爾公司的業務就是這麼一回事：尋找一些比較特別、屬於門外漢的機會，然後向天真、無知，卻滿懷希望的投資大眾推銷。

說句公道話，雖然很多這種「機會」變成空頭支票，最後歸於失敗，但是布萊爾公司偶爾還是會有驚人之舉，創造十分重大的成就。例如，大家認為沒有獲利的公司不可能推動公開上市時，布萊爾公司卻出人意表，完成最早期生技業者恩佐生化公司（Enzo Biochem）的首次公開發行案。而且，布萊爾公司偶爾甚至會推動盈餘確實會成長的公司公開上市，但是，在兩次良好的交易案之間，公司需要飼料，餵飽這台賺錢機器。

布萊爾公司在交易方面，除了收取現金承銷費用外，還會取得所融通企業相當大筆的權證。在投資方面，布萊爾公司經常是所推動上市企業股票唯一的造市公司（承銷商），在內外盤價差可能高達20%的情況下，光是買賣新上市公司的股票，就可以賺到豐厚的利潤。和客戶相比，布萊爾公司就像極多的華爾街機構一樣，占了相當大的優勢。

但是要創造股票交易量，吸引更廣大的群眾興趣，需要很多

的舞台管理。因此，加以美化成功機率有問題的機會，把這種機
會變成大眾樂於買進的目標，就是布萊爾公司分析師和投資銀行
家的任務之一。

　　就算冷融合和航太事業的案子能夠賺錢，也不是馬上就能賺
到，但是，這兩個案子具有極高的熱力。因此，這群公司代表能
夠抓住群眾想像力的構想，如果投資大眾熱情之餘，對冷融合或
太空站產生狂熱，就很容易把新進首次公開發行的股票，推上平
流層，使股價漲到首次公開發行價格的好多倍。從投資銀行的角
度來看，這種價格波動會促使這個案子極為成功——即使最後這
家公司倒閉，仍然如此。隨著股價上漲，投資銀行會兌現權證，
並且從股票交易中賺錢。如果這家公司最後倒閉，股票一定已經
普遍轉手交易，屆時，布萊爾公司或客戶應該也不會受到虧損的
打擊。

　　要創造這種情況，需要各種強而有力的銷售手法，因此，布
萊爾公司旗下有一家零售證券經紀商，裡面有群積極進取的經紀
人，他們從14樓的搶錢辦公室裡打電話給客戶，在法律上和實際
上，他們跟我這樣的投資銀行家有所區隔。理論上，他們為另一
家公司服務，但他們也是布萊爾公司的一分子，而我的雇主是布
萊爾投資銀行公司。

　　我們這些人數少少的銀行家，構成公司受歡迎又值得尊敬的
外表，但公司真正的無名英雄卻是經紀人。他們向不精明的散戶
投資人，推銷這些藏有疑慮的交易案，他們會讓人心生恐懼，想

起馬丁・史柯西斯（Martin Scorsese）電影《華爾街之狼》（*Wolf of Wall Street*）中的經紀人，這部電影雖有誇大不實的地方，卻沒有誤導方向。布萊爾公司的14樓是男性荷爾蒙迴旋激盪的地方，有人曾經告訴過我，偶爾會有妓女上去那裡，獎勵當天最成功的業務員。

我並沒有跟這些人直接打過交道，但是他們依賴我們這些投資銀行團隊，提供他們可以宣揚的東西。投資銀行家可以獨立自主，因為我們躲在2樓鑲著木板的漂亮安樂窩裡，真正讓人大吃一驚的活動在12層樓之上發生。不過，經紀人仍然需要我們投資銀行家賦予他們促使交易成功的啟動器。

在布萊爾待了大約一年後，我才了解公司期望我扮演這種重要的角色，我應當精心為這些最粗略的交易好好包裝，大力淡化或忽視這些交易的壞處，同時又要強調其中的激情與異想天開的優勢。

我在公司的角色不是要當個小心謹慎、訓練精良的分析師，公司不希望我們像個法院仲裁人一樣，苦心研究一種概念，評估機會大小，並盡量精確、誠實的宣布這種東西到底是什麼。事後回想，我可以清楚看出，自己的牛津和哈佛管理碩士學歷對公司的真正價值，其實是用我嶄新的學歷證書，裝飾公司的交易案，從而提供某種常春藤名校的遮羞布。

當我回想我們跟那家冷融合公司的會議時，才發現自己當時多麼天真。事實上，在場的每一個人都期望我好好扮演應有的角

色，大家視而不見、心照不宣的問題應該依照下述方式陳述：

冷融合公司經營階層：布萊爾公司的各位代表，不錯，我們確實是在對你們胡說八道，這種東西幾乎一定不能用，但是，我們已經研究這個東西很多年了，也投入大量的個人資金。無論如何，沒有人能夠百分之百的說這東西絕對不能用。此外，想像一下這種東西在投資人和新聞界裡即將會引爆的激情，到時候，我們會變成世界上唯一公開上市的核融合電力公司！

布萊爾公司的投資銀行家：不錯，這個案子根本不可能一飛沖天，但是我們的交易管道需要東西來填塞。如此一來，貴公司的經營階層可以靠著創辦人的原始持股發財，我們投資銀行可以靠著費用和股票交易發財。而且，誰知道呢？這種東西或許有成功的可能，這樣的話，連我們的客戶也有機會賺錢。

在此般行禮如儀的憤世嫉俗儀式中，我卻完全沒有注意到，無知地提到其中的物理學顯然是虛假的東西，還說：「有非常多的人早已宣稱他們把冷融合化為事實，因此，這裡談到的東西根本毫無新意。」我實在太笨了，以致於實際上是在大聲嘲笑。

一直到事後回想，我才了解自己當時立刻變成整個房間裡大家最仇恨的人，如果像我這樣的大笨蛋不緊緊閉住大嘴巴，這個案子怎麼有機會一飛沖天呢？以我這等愚直，我在這種環境中根

本沒有成功機會。

正站在道德的懸崖邊

但是我不願意承認失敗，因此，我加倍努力，準備迎接更多的辛苦和折磨。因此我堆出更多的笑容、撥打更多的電話、出門拜訪更多的客戶。

最後，我發現了一個成功機會遠高於大多數案子的交易案。這次我可以摸著良心說，雖然這個案子其中尚有風險，但它卻值得投資。這家公司叫做電信晶片公司（Telechips），1994年時，這家公司就製造出兼具電腦和電話功能的通信設備。公司的經營團隊由柏恩斯（C. A. Burns）和藍迪‧皮納托（Randy Pinato）領導，柏恩斯原本在貝爾實驗室（Bell Labs）服務，皮納托原本是某一家小貝爾電話（Baby Bells）公司的業務員。他們的構想雖然遠遠超越時代，但很健全完整，並且走在網際網路商業化之前，而且當時最新的行動電話才剛剛推出。

我也找到一位願意和我一起安排案子、募集資金的投資銀行家，他叫霍華‧菲力普斯（Howard Phillips），在歐本海默公司（Oppenheimer）有過堅實的背景經歷，以半退休的狀態來到布萊爾公司服務。他一星期會來辦公室工作兩、三天，還滿喜歡我的。

但是，找到堅強的經營團隊，說服這家電信晶片公司相信菲

力普斯和我是他們籌募資金的終南捷徑後，我發現了過去從來不知道的痛苦和不愉快。根據我的了解，我跟菲力普斯雖然是平起平坐的夥伴，我卻很快地發現完成這筆交易後，我們兩人分到的經手費用居然不是一人一半，而是他會拿走大部分。當下，我覺得自尊心上受到的打擊比口袋受到的打擊還大。然而，如果要讓這個案子完成，我別無選擇，只能接受。

下一步，是讓案子得到公司的批准。我心裡想，因為我在布萊爾服務的這段短期間內，也看過一些虛假的東西。這個案子看來相對合理，應該會順利過關才對。接著，菲力普斯和我要經歷投資委員會的審核，拿到一封意向書，陳述電信晶片公司的價值，以及我們要為他們募集的資金額度，再經歷若干大略的實地查核。我對整個過程感到欣喜若狂。

柏恩斯和皮納托也一樣歡喜，因此，我們跑去慶祝一番。他們很高興不必再為了尋找資金，而弄得筋疲力盡，終於可以專注在建立事業上。皮納托告訴我，其實他們也已經接觸另一個十分可靠的資金來源，但是，因為他們喜歡我，他們很開心能夠選擇跟我合作。

就我個人來說，我已經預先花用了一些（縮水的）獎金，也思考著如何在哈佛校友的年班通訊中報告這個消息，我想到的說法類似「蓋伊・斯皮爾離開哈佛商學院一年半後，完成了第一筆交易。」

然而，菲力普斯是這種遊戲中的個中老手，他並沒有預先動

用我們預期巨額獎金中大多部分，一定是了解大略的實地查核不是這麼一回事。在那之後，我們的董事長戴維斯把這個工作派給另一位年輕的投資銀行家，接下來他對這個案子的挑剔，讓我簡直不敢相信，過去他曾經多麼高興地支持其他更多比這糟糕的案子。

最後，電信晶片公司經營階層不知道案子為什麼會拖延，我也說不出答案，就在這種情況下，公司再次召集大家舉行一次會議。這時，電信晶片公司因為又燒掉很多現金，迫切需要資金，我得知因為公司的挑剔（對不起，我的意思是認真的實地查核），這筆交易還是可以完成，但是，估價卻比我們在原始的投資意向書所承諾的低多了，而且必須付給投資銀行的費用更高。

我接到皮納托的電話，他對於公司和我蓄意誤導他們的行為極為震驚，我只能道歉並告訴他，我真的不知道結果會變成這般局面，我希望他相信我。但是直到如今我還是不確定他是否相信我。我個人一定已經失去他的信任，失去他的友誼更是不在話下。

一、兩天後，不出眾人所意料，電信晶片公司接受了投資意向書。他們一直遭到蓄意誤導，直到投資委員會確信他們公司無路可走為止。我又氣又恨——不僅是痛恨自己而已。

事後回想，我了解自己當時可能正站在道德的懸崖邊搖搖欲墜，不管我是自願還是非志願，如果我進一步融入這家公司的文化，我一定會從懸崖上墜落，永遠無法翻身。

毀壞一夕名聲只要五分鐘

　　事實上，在我離開幾年之後，布萊爾公司槓上主管機關，規模遭到嚴重削弱，經營零售證券經紀部門的布萊爾證券公司（D. H. Blair & Co.）在1998年徹底關門。到了2000年，《華爾街日報》（*Wall Street Journal*）報導，這家券商和旗下的15位職員，遭到從事173項證券詐欺罪名的指控。

　　此外，這家券商也遭受指控，包括：炒作股價牟利、採用非法銷售手法。券商的4位經理人──董事長肯頓‧伍德（Kenton Wood）、副董事長艾倫‧史塔勒（Alan Stahler）、副董事長柯爾曼‧雷諾夫（Kalman Renov）和首席交易員維特‧柯波妥托（Vito Capotorto）對證券詐欺和串通操縱股價的指控認罪。《今日美國報》（*USA Today*）報導：布萊爾證券公司和經理人付出2100萬美元「賠償遭到詐欺的顧客。」

　　由於布萊爾公司的投資銀行部門是獨立公司，從這場慘劇中毫髮無傷的脫身，而董事長戴維斯雖然沒有遭到任何刑事控訴，卻一定也經歷了十分可怕的時期，原因不只是因為史塔勒和雷諾夫是他的女婿，他自己在新聞界也備受打擊。例如，1998年《富比世》（*Forbes*）刊出一篇報導，提到「爭議不斷的雞蛋水餃股之王戴維斯，靠著替其他較健全公司不願意碰的企業，在私募和公開上市市場中募資發財。」我離開哈佛大學，投效他的公司，替他推動交易案時，心裡想的事情跟這種情形大不相同。

可惜的是，戴維斯其實不是壞人，我記得有一個星期五晚上，我前往他家參加家庭晚餐，他好心又熱情的把我納入賓客名單，讓我深受感動。他有很多值得欽佩的地方，而且我的確沒有資格批判任何人。

然而，就我在布萊爾公司看到的文化來說，主管機關會找他們公司麻煩，根本不會讓人驚訝。

至於我，我無法確定自己當時離那條道德懸崖的邊緣有多近，卻知道我現在知道的事情，我可以告訴你，儘管距離一千英里（1600公里）仍然嫌太近。事後回想，我對同事的動機和倫理道德觀視而不見，的確到了十分危險的程度。連精明、受過良好教育的聰明人都可能變得如此愚笨，這件事正好是強而有力的證明。

我的確花了太多的時間，才摸清這一行的規矩本來就是這樣。如果我想出人頭地，我就必須拋棄僅存的道德準據。我花了很多個月的時間，納悶自己為什麼連一筆交易案都難以完成，煩惱自己一定有問題，我沒有經驗、也沒有見識，而沒有意識到整個環境本來就有問題。

問題之一是競爭太激烈了，促使大家認為：如果我不願意做什麼事情，別人一定會快步介入，接下這份工作。這種環境設計十分完美，足以把希望追求成功的人逼迫到各種極限。這種型態在華爾街上一再重複出現，很多聰明勤奮的人才在野心、貪婪、傲慢、或天真的驅使下迷失自己，走進了灰色地帶。

但是，我必須澄清很重要的一點。布萊爾公司的經營階層

中，從來沒有人曾經直接要求我說謊或故意說錯什麼——不過我認為，這個地方有一大部分的作用是誤導容易受騙的市場，讓他們認為公司裡有很多大好良機。

例如，他們應該希望我宣稱，我曾經對冷融合做過實地查核，並徹底檢查過。哇！為了完成交易案，他們應該有一個需要的理想情境，但是他們從來沒有多費口舌直言坦訴，所有的遊戲規則都是暗示性的。

我在布萊爾公司裡，觀察到在華爾街上呈現無數次的另一個型態，每一個人都想賺錢，因此，貪婪的資深銀行家應該知道，看到比較天真、年輕、貪婪的銀行家迫近極限時，最好裝作視而不見。雷曼兄弟公司（Lehman Brothers）把槓桿倍數推進到極限，全國金融公司（Countrywide）的人忽視了次級房貸的違約比率，避險基金賽克資本公司（SAC Capital）的人則對猖獗的內線交易視而不見。

過去在布萊爾公司的經驗幫助我，看出這種事情極為頻繁的以各種不同的形式，在華爾街上一再重複發生。1990年代科技泡沫期間，差勁的公司唱高股價，再把股票賣給毫無戒心的大眾。例如：美林公司（Merrill Lynch）亨利・布羅傑（Henry Blodget）之流的分析師，極為看好網際網路股，拼命的替豬塗口紅。若干年後，同樣的事情再度出現在信用評等機構[1]中，信評分析師盲目

1.信用評等，依據受評對象的金融狀況，分析相關歷史數據，從而對受評對象的金融信用狀況給出一個總體的評價。

的授予不動產抵押貸款債權憑證（CMO）和擔保債權憑證（CDO）優良的評等，後來終於造成房市危機。

至於我，在布萊爾公司經歷痛苦至極的十八個月，我的清白聲譽摧毀殆盡，事業生涯也因此降到絕對最低點，過去我在牛津和哈佛為自己建立的履歷和聲譽全部化為灰燼。然而，聲譽在企業界，尤其是在投資天地裡，就是代表一切。我離開布萊爾公司多年後，還感覺到那段經驗的極度玷汙，已經到了無法把手上的汙點洗乾淨的程度。

即使是現在，寫到這裡時，我身上還是會起雞皮疙瘩，我心裡有一部分會覺得奇怪，我一直在想，寫下這些事情究竟對不對。但是，我認為，我必須探討到底為什麼我們會如此輕易的，就陷入這種看來似乎難以想像的事情，淪落在不對等環境中，在道德上，做出可能嚴重汙辱我們的妥協。我們喜歡認為自己改變了世界，但是，事實真相是世界改變了我們。因此，我們必須格外小心，選擇在正確的環境裡工作，跟正確的人交往。理想的情況是，我們應該緊緊跟著比我們優秀的人，這樣我們才可能變得更像他們。

走向巴菲特的智慧旅程

我希望為布萊爾公司服務，會變成我的事業生涯中最嚴重的錯誤。但是，我要感恩的是，這家公司沒有把我毀掉。心理學家

戴安娜‧霍玉霞博士（Diana Fosha）在論文《創傷揭露彈性的起源》（*Trauma Reveals the Roots of Resilience*）中，引述了海明威下面這句話「世界摧毀每個人，但是總有些人能在受傷處堅強起來」。為什麼有些人能夠不被創傷摧毀，反而變得更堅強呢？

　　這個大哉問也可以在企業和投資天地中提出來。巴菲特在三十多歲時，犯了一生最大的錯誤之一，投資虧損的波克夏哈薩威紡織公司（Berkshire Hathaway）。這件事可能毀了他，但是他後來把波克夏哈薩威，變成他人生中巍然高聳的紀念碑，方法之一是從中學到投資更好的企業，而不是遵照葛拉漢的教誨，下注賭像波克夏一樣好比雪茄菸蒂的雞蛋水餃股。或許布萊爾公司是類似我買進雪茄菸蒂股的行動，是有助於塑造我人生經驗，卻十分有害的震撼。

　　在人生中遇到挫敗後能夠站起來的人一定會成功的想法，不只是古怪的舊式想法而已。我們的教育中，有一個很重要的地方，就是我們要從自己的錯誤中學習——如果我們沒有犯錯，我們偶爾可能完全無法有學習的機會。不錯，整個布萊爾公司的崩潰，基本上是我成為價值型投資人教育中重要的一環。

　　最重大的教訓是：我絕對不能再做可能有害自己名譽的事情。就像巴菲特警告的一樣：「建立好名聲要花二十年，毀掉好名聲只需要五分鐘。如果你想到這一點，你的做法會大不相同。」另一個教訓是：我必須盡力做所有事情，改變我的專業和心智環境。

　　當我發現巴菲特的世界時，就像找到了救命索一樣。某一個夏天的日子裡，大約是電信晶片公司的案子送到我桌上前後，我發現了巴菲特的天地。這時，我對自己過的日子已經極度失望，我發現自己已不在布萊爾公司2樓的辦公桌上吃三明治，我已經失去建立事業生涯的欲望。但是，我不知道該怎麼辦，又不敢離開，因為害怕別人把我當成失敗者或半途而廢的人。

　　為了逃避，我會趁午餐時間溜出去，向街頭小販買炸豆丸子或沙威瑪，然後走進世界貿易中心陰影中的祖柯蒂公園，玩幾盤街頭西洋棋賽。

　　往回走時，我經常鑽進華爾街旁百老匯上的財經書店，瀏覽書架上的書。我在這財經書店裡買的第一本書是法蘭克・華伯濟（Frank Fabozzi）的《債券市場：分析與策略》（*Bond Markets, Analysis and Strategies*）。我全神貫注地研讀他對資產／負債匹配的技術性討論，以及債券存續期間的計算，有一陣子裡，我甚至想像自己是債券交易員。

　　另一次走進這家書店時，我選中了有巴菲特寫序的葛拉漢開創性鉅作《智慧型股票投資人》。這本書讓我沉迷不已，葛拉漢在書中十分傳神的談到，擁有一檔股票不是持有一張可以交易的證券，而是擁有一家真正企業的一部分。他也談到，要把「市場先生」當成瘋狂的抑鬱症病人，要好好利用市場先生多變的情緒，趁著市場在恐懼與貪婪之間轉換時，投資人可以靠著腦筋清楚、專門注意上市公司的真正價值，獲得豐厚的利潤。有時候，你從

骨子裡知道某些東西正確無誤，對我來說，這種價值型投資哲學有道理之至，已經到了無法言喻的地步。

不久之後，我也看了羅傑‧羅文斯坦（Roger Lowenstein.）的傑作《巴菲特傳：一個美國資本家的成長》（*Buffett: The Making of an American Capitalist*），對巴菲特的生活細節入迷之至。他和我的生活方式之間的差異再清楚不過了，而且我在布萊爾公司承作交易案的經驗，跟他經營自己的事業的道德觀之間，再也沒有更鮮明的差別了。巴菲特不是在蛇窟裡工作，他不找藉口向辛苦工作的一般投資大眾，銷售可疑的假貨，也不用欺騙的方式推銷，賺取比較高比率的經紀費用，然後在背後刺同事一刀。

我還不知道該如何把這些東西應用在自己的生活中照做不誤。但是我有一種深沉而迫切的需要，自己必須從現在的處境中逃脫出來，搬到離巴菲特比較近的地方，這樣就像他對我伸出援手，好讓我可以自行從日漸沉淪的道德泥沼中脫身，我緊緊的抓住他，希望拯救自己寶貴的生命。

本書談的是我從曾經的暗黑世界，走向現在所居住極樂天地的旅程。

第二章

精英教育的危險

> 智慧的起源是拋棄狹隘的偏見。

為了向前邁進，我必須修理故障的地方，我必須想出我的後天教育出了什麼問題，這樣我才可以重新教育自己。因此，我開始問自己，首先我為什麼一開始選擇布萊爾公司：為什麼一個理當很精明的人會鬼迷心竅，做出這種顯然極為愚蠢的決定？畢竟，當時我有很多其他選擇啊。這樣的探索是我內心之旅的起點，我逐漸了解的一件事情是：過去我所受的象牙塔式教育害我暴露在危險中，顯得岌岌可危。

精英教育的盲點

我進入布萊爾公司，確實違背了我到牛津和哈佛受教育的目的，我畢業於世界上兩所最頂尖的學府，結果卻只是淪為金融業一家變態企業裡無意的幫凶。

是我的教育害了我嗎？或更糟糕的，是我辜負了自己的教

育嗎?因為我也是身邊同儕團體的縮影,因此,這裡也有一個更大的問題要問:為什麼這麼多受過高等教育、出身精英商學院、享有特權背景的人,引發和助長了2008到2009年間的全球金融海嘯?是我們的教育害了我們嗎?還是我們辜負了自己所受的教育?培養這些創造出經濟亂局所有高手的著名大學,至今對這些問題都尚未提出正確的答案。

即使我沒有資格回答,我還是必須提出這些問題。因為從很多方面來說,我人生中的經歷,只是眾多同儕人生經歷的極端縮影。我們當中不乏對自己的智力和能力信心十足的人,踏進金融業,卻發現成為整個系統其中一分子的我們,善於製造弊多於利的結果。

令人不安的事實是:精英教育的眾多要素中,的確有若干缺點。我完成正式教育後的大約十年內,對這些缺點毫無所知。我閉著眼睛,忽視某些層面,靠著自動駕駛巡航了相當長的時間,浪費一生中應該最有生產力的若干歲月。如果你的教育經驗有任何與我雷同之處,你可能必須像我一樣,用某些基本方式,重新自我整合、自我教育。

在投資方面影響我最大的人,是從印度移民到美國的巴布來,他所創造的累積報酬率遠遠勝過我。他念的是南卡羅萊納州的克萊門森大學,而不是什麼牛津或哈佛。當他和我一起與巴菲特共進慈善午餐時,你會很清楚,(申請哈佛商學院沒有獲准的)巴菲特對我倆在哪裡受教育,根本毫無興趣。

別誤會我的意思，像牛津和哈佛這類的地方非常棒，我衷心感謝他們對人類文明的貢獻。但是在我們把這些大學捧成名校之際，我們可能沒有看出這些大學的缺點。因此，如果我談到這些大學時有過分嚴厲的地方，請你了解，我是愛之深責之切，希望強化他們變得更好，而不是摧毀他們。

問題之一是：受過精密、純粹訓練的學術頭腦可能妨害你的長期成就。在精神上，你很容易變成一級方程式的法拉利賽車，但是在現實世界中，你所真正需要成為的是一台能夠適應各種不同環境的耐用吉普車。

為了說明這一點，首先，我要告訴你，過去我所受正式教育中某些特點的若干背景。我上牛津大學前，念的是倫敦金融城的自由民中學，這所學校原本是為了嘉惠孤兒所設的獨立中學。好騙的家長想像這是優良的英國私立中學，但實際上，這所中學其實沒有這麼高級，而是為了應付考試而實施填鴨式教育的中學。許多有關教育上的決定，取決於什麼內容能夠讓最多的學生錄取最好的大學。有些老師很傑出，但是大致說來，他們的目標不是對學生推動通識教育，而是分析哪些內容能夠讓我們在高級考試（A-Level）和大學入學考試中，獲得優異表現，然後整個系統就驅策我們拼命練習，以便我們能夠得到最高的分數。

我的牛津入學考試分為數學、物理和通識三科。猜猜看結果如何？高中的系統發揮良好的作用：我受過極為優異的訓練，以致於我雖然離譜的看錯其中一科試卷的說明文字，仍然獲准進入

牛津大學布雷齊諾斯學院，攻讀法律。

但是我當時的同學都是受過較為廣泛博達的基礎教育的人，知識也比我豐富。我雖然喜歡法理學或法律哲學，系上也要求我們每週研讀幾十項英國普通法的案例。噢，英國普通法是一門很棒的科目，卻不適合七年前才舉家移民來英國，且對英國的社會和歷史幾乎一無所知的十八歲青年。我開始經常夢到自己可以按一個特殊的按鍵，燒掉地球上每一部普通法的巨著，而我相信長期忽視自己一再出現的夢境絕對不是件好事。

我在布雷齊諾斯學院的朋友安德魯・費德曼（Andrew Feldman，現在是保守黨主席費德曼爵士）和我的經驗正好相反。他讀過極多的英國史和世界史，能夠把普通法放在當前和歷史的社會結構中來看。對他來說，普通法是他所學到一切的有趣縮影；對我來說，卻是棘手判例法構成的一團亂麻。我做好通過入學考試的準備，卻沒有他那種廣博的知識架構作深厚基礎，我在這裡學到一個重要的教訓，只是進入名校著名科系還不夠，你必須進入適合自己人生當下階段符合你特殊需求的科系。對當時的我來說，念法律是錯誤的決定。

人生心靈澄澈的時刻

在這種不滿意的學習情況下，我注意到布雷齊諾斯學院的經濟學教授彼得・辛克萊（Peter Sinclair），每當我們在學院的某處

相遇時，他總是對我展現極為和善的笑容，見過他的人都可以感覺到他是極為仁慈的老師。大二那年結束的某一天，在我醒來的那一刻，我突然很清楚自己連一天的法律也念不下去了，我感覺體內湧起一股不可阻擋的力量，甚至已經到了不用爭辯的程度了。

這種心靈澄澈的時刻在人生中極為罕有，連身邊最親密的人都可能質疑我們，是否應該根據這種直覺行動。我相信，即使我們無法解釋，關注這股我們內心中醞釀的非理性信念還是很重要。我的學術訓練強調超級理性的分析，應該會否認這種幾乎無法條理說明的直覺和渴望。但是，我們必須尊重內心深處的這些東西，與喬治・索羅斯（George Soros）相比，他學到當他感覺背部劇痛時，就代表他的投資組合「有點問題」的事例，這種情形並無區別。誰知道心靈在什麼地方結束，肉體從什麼地方開始？

我決定跟妻子羅莉結婚時，也感受到類似的清明和篤定，我整個身心靈都知道我們應該在一起。當我發現價值型投資時，也感覺到同樣的澄澈，我不是認為這是我該走的正確道路，而是**確實知道**這一點。我相信巴菲特用同樣的方式，幾乎是在不知不覺中，進行極為複雜的整套分析，做出投資決定。

我們每個人的一生中，都有幾次像這樣的時刻，但是我們需要有勇氣，才能在這種時刻採取行動。

總之，我走進辛克萊的辦公室，問他有關我可不可以把主修經濟學，當成政治、哲學與經濟學學程的一環。直到今天，我還不知道是什麼東西迷了他的心竅，讓他答應了我的要求，還幫助

我改變主修。因此，我對他感激不盡，因為和任何東西相比，可能是這次行動最徹底改變了我的人生。當我變成主修政治、哲學和經濟學的那一刻起，我開始覺得自己跟這個世界建立了關係，我的功課不再是研讀華而不實的判例法，感覺上比較像是深入探索今天頭條新聞背後有關的東西。這個例子強力證明遵循約瑟夫・坎伯（Joseph Campbell）的勸告：「追求你的夢想：新的坦途會打開，我們會覺得活著真好」時，會有什麼結果。

但是不久之後，我再度沉淪。雖然我非常喜歡這個科系，但是已經上了兩年大學的我，所要面對重大的不利情勢，是我沒上過任何一堂政治、哲學與經濟學學程的課，不知道自己該怎麼辦。幾個月後，學務主管通知我，如果我的表現再沒有進步，學校可能把我退學，牛津大學冷酷的說法是要把我「開除」。

深感無知之至的我，只好每天熬到三更半夜，努力拼湊出差強人意的論文。我清楚自己程度遠遠落後其他同學，其中一位是未來的英國首相大衛・卡麥隆（David Cameron）。卡麥隆非常聰明且能說善道，伊頓公學的歲月讓他做好絕佳的準備。我們跟另外三、四個同學一起上經濟學輔導課時，我很害怕在他面前開口，因為他對英國歷史和政治的了解比我好太多了，連教授都對他刮目相看，而我卻幾乎對什麼東西都一無所知。

同學偶爾會取笑卡麥隆在政治學課程中博學多聞的表現，說他好像英國知名的憲法學者維農・柏達諾（Vernon Bogdanor），現在是英國女王和首相的顧問。卡麥隆和柏達諾顯然會為了維多

利亞時代的迪斯雷利[1]或格萊斯頓[2]兩位首相中，誰的領導比較有效率而展開一場辯論。聽到這些故事時，我覺得無地自容，因為我對英國歷史的了解，只略為了解其政治制度的皮毛罷了。

拿掉束縛已久的外部計分表

我的競爭之道是極為集中心力，鑽研我可以出人頭地的科目，我愛上政治哲學，而且花了無數小時，辯論和自負的談論約翰・羅爾斯（John Rawls）的正義論，以及其他怪異的科目。在害怕遭到退學、暴露自己的愚蠢、沒有資格上牛津大學的刺激下，我學會用理智來炫耀自己，隱藏內心的不安全感。我非常渴望被這群極為聰明的人接受和尊敬。當我表現優異、成效卓著時，這樣做很有趣，但情況相反時，就不是這麼有趣了。

我主要是受巴菲特所說的「外部計分表」驅動，也就是我需要大眾的認可和承認，這種需要將輕而易舉的引領我們走上錯誤的方向。這是投資人危險的弱點，因為主導群眾的是不理性的恐懼與貪婪，而不是鎮定的分析。我會主張這種著名的學術環境在設計時，大致是用外在的積分表衡量大家的表現：真正重要的是

---

1. 迪斯雷利（Benjamin Disraeli, 1804-1881），英國保守黨政治家，作家和貴族。曾兩次擔任首相。

2. 格萊斯頓（William Ewart Gladstone, 1809-1898），英國自由黨政治家，曾四度出任首相。

贏得別人的認可。

因此，在這段成長歲月中，我形成了一個嚴重的缺點，導致我後來必須加以辨認和改正。價值型投資人必須能夠走自己的路，價值型投資的整個任務要求你看出群眾錯誤的地方，讓你可以從群眾的錯誤觀念中獲利，這一點要求你必須改用「內部計分表」來衡量自己。

要成為優秀的投資人，我必須做到把自己當成外人一樣接受的地步，也許，真正的目標不是別人的接受，而是發自內心的接受自己。

那時的我，當然不知道這一點，所以卯足全力精通那種封閉學術天地的規則，我學會用腳思考，以敏捷而尖銳的話語作答，激起同儕和教授的注意。直到今日，我多少還會這樣做：當我感受到壓力、覺得不安全時，會恢復在牛津學到的模式，在理智上炫耀，令人目眩神搖。我一直到後來才看出，這種辛苦學到的技巧，只有在大學和另一些知識精英主義環境的狹隘範圍中派上用場。像巴布來這樣的人，不會有所有這些令人眼花瞭亂的技巧，但是他遠比我聰明多了，在現實世界中用更實用有效的方式，教育自己。

精英訓練塑造了一大群聰明的傻瓜

問題就在這裡：如果我愚蠢到看不出布萊爾公司是龍潭虎

穴，那麼研究和欣賞羅爾斯正義論中深奧的意義，到底有什麼用呢？甚至在我終於了解自己是自尋死路後，我還毫無必要的多花好幾個月的時間，才能鼓起勇氣爬出來。我受過極為良好的教育，卻沒有常識或道德勇氣，立刻離開布萊爾公司，這種事情怎麼可能發生呢？

頂尖大學塑造一大群聰明人，但是這些人 —— 包括我在內 —— 仍然做出愚蠢、有時甚至不太道德的抉擇。我身邊無數的同儕也是如此，雖然他們受過精英訓練，卻無法擺脫其他投資銀行、經紀商、信用評等機構、債券保險公司和房貸公司種種可惡的狀況。對大學裡的教育家來說，針對這問題進行略為深刻的反省應該也不為過。

我在牛津大學研習經濟學後，至少培養出技術方面的技巧和推理能力，我最終學會分析、理解各種經濟政策的意涵。其中若干技術上的知識不但深具理性之美，對於想了解什麼政策可以促進經濟成就的人，也具有難以估計的實用價值。但是也有不少經濟理論美則美矣，卻在現實世界中沒有半點用處。我沒有能力用批判性的眼光，評估這些理論，而且學術環境應該不會獎勵這種異端邪說，所以我絲毫沒有質疑，把教科書上的一切囫圇吞棗。

其中最重要的例子是效率市場假說，這個假說相當有力，而且在理論上是相當有用、跟世界如何運作相關的假設，主張金融價格反映了市場參與者已經知道的所有資訊。這種假設對投資人具有深遠的影響，如果效率市場假說正確無誤，股市中應該沒有

便宜貨，因為任何價格異常都會在片刻之間，出於套利的關係而消失。

這種假說在現實世界中根本不對，但是，我卻花了十年時間才了解。我的經濟學課程中，有些方面的確極具價值，以致於我不知為何假設所學的一切都同樣正確。問題的一環是我強化了討好替我打分數教授的能力，而不是訓練我的心智，以便解決現實世界的問題。我的教授教學疏忽之餘，沒有認真探討效率市場假說是否反映現實，因此，我也可以安全的忽視這個問題。

我極為確定的堅持這種執迷不悟的假說，以致於幾年後，當我在哈佛商學院第一次碰到巴菲特時，居然對他毫無興趣。總之，如果市場確實有效率，那麼尋找價值低估股票的所有努力一定都會徒勞無功。我在追求學術成就之際，極度限縮自己的心靈，以致於無法看到近在眼前的事情。

我在這件事情上，再度變成一個更大問題的表徵，為了教導我們獨立思考而設的機構，經常以可能造成傷害的方式，封閉我們的心靈。1995年，孟格在哈佛法學院發表經典演說「人類判斷錯誤的二十四個標準原因」時，討論過這個問題。他描述史金納（B. F. Skinner）的錯誤判斷，如何影響　整個世代的心理學家不顧眾多反證，繼續擁護行為主義。難怪笑話會說，每為一位著名卻執迷不悟的科學家辦一次喪事，科學就會進步一番。

在牛津大學裡，我是否受到同樣根本的方式誤導並不重要，雖然我對現實世界無知，但我還是以第一名的成績，從經濟學組

畢業。如果你停下來思考一下，這件事應該是多少值得擔心的原因，但是，我的自信和自負卻飛躍上升。

直視傲慢帶來的挫折

我頂著閃閃發亮的嶄新學歷，在策略顧問業者博敦公司（Braxton Associates）裡，找到稱心如意的工作，資深經營階層全都上過哈佛商學院，因此，我在幾年後提出申請，獲准進入哈佛商學院攻讀。

在哈佛商學院裡，課程完全放在研究真正企業的個案研究，我們並不是把重點放在世界應該如何運作上，而是務實的討論實際發生的情況。這種教育未來領袖的方法遠比牛津模式有力和實際多了，因為每件個案研究都提供一套需要分析的新事實和環境，創造出有用的經驗知識庫。但是哈佛也強化了我的傲慢，借用我喜愛的一種印度說法，我是「頂尖人物」，光鮮亮麗的學歷強化了我心中的感覺。為了報答本人種種可敬之處，這個世界欠我一分財路。

我就讀哈佛的第一個學期時，巴菲特來到哈佛商學院演講。我出於無知和傲慢，立刻把他貶抑為只是個很幸運的投機客。總之，我在牛津大學學到的理論模型告訴我，因為市場具有效率，尋找價值低估股票的行為毫無意義，這是不辨自明的事情。要我理解他就是靠著尋找市場的無效率而賺到大錢，等於要我放棄過

去辛苦學到的所有學術模型。因此,如同遇到事實跟自己理論相背離的多數人反應,貶抑事實,堅持理論。當時我很可能會告訴他的話是:「巴菲特先生,別用事實來困擾我,因為我已經堅定相信效率市場。」

但是,如果要我說實話,我必須說自己居然會到演講廳去,是因為我念研究所二年級時追求的女性,前一天晚上跟另一位同學約會,令我生氣。巴菲特演說時,我甚至沒有坐下來,也不記得他說過的半個字。

這件事是悲喜交集的提示:對我而言,我脆弱的自尊比學習機會重要多了。相形之下,巴菲特這麼成功的原因之一是:他從來不停止追求自我提升的機會,一直都是學習機器。如同孟格所言,「巴菲特七、八十歲時,在很多方面,比他年輕時厲害,如果你隨時都在學習,你會掌握非常大的優勢。」然而,對當時的我來說,聽巴菲特演講完全是浪費時間。

不過,就像俗話說的一樣,學生準備好了,老師就會出現。果不其然,四年後,巴菲特在我的生活中再度出現,我在《智慧型股票投資人》一書中,看到他寫的引言,接著又在羅文斯坦寫的《巴菲特傳》中,看到他的事蹟。

當時我在布萊爾公司正經歷煉獄般的考驗,我的傲慢遭到嚴重的打擊,以致於我能夠以當管理碩士班學生以來從來沒有過的方式,接受巴菲特的教導。在布萊爾公司工作的經驗,讓我變成極為謙卑、羞愧,到了迫使我必須重新檢討所有信念的程度,逆

境真是太有用了。

這其中當然有一些諷刺意味。進入布萊爾公司是我一生中最糟糕的決定，卻也是一個禮物——不是因為這種羞怯打開了我的心靈，而且是因為我在那裡的經驗，教導了我一些在大學的教室和校園裡永遠不可能學到的教訓。事實上，說來矛盾，布萊爾公司可能是我自行創業的完美天地，因為這家公司用原始而質樸的方式，告訴我華爾街所有不對的地方，讓我得以近距離觀察到大家樂於扭曲真相，以便進一步強化個人狹隘自私自利的意願——把客戶當成剝削的目標，而不是當成服務對象的傾向。

在最糟糕的情況下，高盛和摩根這類精英投資銀行的差異其實沒有那麼大，但是，苛待客戶的做法卻是用尊敬的外表掩飾。

我開始了解巴菲特具體表現出來的原則後，發現另一條通往成功的道路，而這個發現改變了我的一生。

第三章

過火重生——價值型投資人的初階

榮耀不屬於評論家；榮耀歸於真正站在競技場上，
臉孔被塵土、汗水和鮮血沾染的人。

離開布萊爾公司後，要找到一份新工作真是困難到極點。我在自己至今清新的經歷上，沾染了這個無法洗脫的可怕汙點。雖然我對布萊爾公司錯誤的做出無罪推定，但是可想而知，潛在的僱主可不願對我做出無罪推定。

華爾街的黑名單

我的履歷表好到足以讓高盛、桑福德伯恩斯坦（Sanford Bernstein）、瑞士信貸第一波士頓公司（Credit Suisse First Boston）之流的著名公司找我面談。不過我卻已是件受損的商品，這些公司都不願意僱用我。了解布萊爾公司聲譽的華爾街內部人看我的時候，要不是認為我是笨到搞不清楚實際情況的人，就是行事樂於逼近危險邊緣的人物，不管是哪一種情形，他們都不願意碰我。

隨著吃閉門羹的次數增加後，我愈來愈沮喪，在我腦海中最

深層的情感,「拒絕」、「找不到工作」這類的字詞,跟「失敗」、「瘋瘋病」類的字眼緊密結合,我真的開始覺得自己像瘋瘋病病人。此外,我還會碰到來自內心的批判,我的腦海裡會傳出一個聲音說:「這麼做有什麼意義?這樣做對你不會有任何好處。」不然就是更惡毒、負面的自言自語:「你又來了,你這個白痴,你總是失敗,你在財經界永遠不會有成功的事業生涯。」

但是,不久後,我就找到解脫困境以及重新教育自己的方法。至於,這種事情怎麼發生的細節是我的特殊祕密,但是過程跟受困和迫切需要找出脫困之道的人有關。從某方面來說,我真正需要做的事情是自我再教育。或者就這點來說,需要自我反教育。

拋棄狹猛的偏見

這過程是以最意外的方式開始,從我發現自助大師東尼‧羅賓斯(Tony Robbins)開始。起初,我是在跟一對擁有史丹佛大學哲學博士學位的瑞士夫婦談話間,無意間聽到他的名字。我以自己善於嚴肅思考、又極為了解經濟學與財務學為傲,我在知識上的傲慢,使我很容易看輕羅賓斯這樣的人,以我受過所有的教育而論,我怎麼可能從這種粗魯的美國人身上,學到什麼有價值的東西?

我認為,如果這對夫婦不是擁有亮眼學歷的歐洲人,我應該

不會願意多花時間了解羅賓斯這個人。我討厭承認這一點，因為這暴露了自己當時所抱持的淺薄知識價值觀。對我來說，智慧的起源是拋棄這種狹隘的偏見，以便我能夠開始向每一個人學習。

我原本計畫週末到舊金山走走，但是，我的瑞士朋友黛安娜・魏斯（Diana Wais）告訴我，羅賓斯要在舊金山舉辦研討會，這場專題研討應該會改變我的人生，這場會議的名稱叫做「釋出內心的力量」。我內心充滿不合時宜的懷疑，但我還是有足夠的能力，可以跳脫自我的侷限，參加這場研討會。

事後回想，我終於了解這是一種精明的人生策略：在我可以選擇，是否要做一件不確定、但可能產生相當大益處的事情時，我應該努力嘗試。也許報酬不會太常出現，但是偶爾也可能出現驚人的回饋。而且我越常撿起這種樂透彩券，就越有可能中樂透。這樣做是強力應用巴布來在大作《憨奪型投資者：以低風險博取高收益的方法》（*The Dhandho Investor: The Low – Risk Value Method to High Returns*）中所描述的哲學，他在書中把這種哲學說成是：「擲出正面，我就贏錢，擲出背面，我也沒輸多少錢。」

看著舊金山郊外的會議中心時，我心想，我到底來這裡幹什麼。這場研討會大約有兩千位聽眾，看來像是邪教的聚會。羅賓斯這傢伙到底是哪一種談論自我提升的騙子──他身邊聚集的各色人等又會是哪種類型的失敗者？

一次過火的經驗

在我看來，羅賓斯本人是粗獷、典型的加州人，身高將近210公分，有力的談話具有十足感染力，聽眾中有很多人跳上跳下地喊著：「對！對！對！我是行善的力量！」以及「站出來！站出來！站出來！」之類的吶喊。

這個情境引發了我腦海裡的警鈴，羅賓斯只是個在自己的表演時間裡，在舞台上趾高氣昂、卻又心神焦燥的差勁演員嗎？或者只是像白痴一樣，敘述自己喧鬧憤怒卻毫無意義的故事呢？我站在場地後面，幾乎沒有參與其中。但是在隨後的幾小時裡，不管我怎麼想，我發現自己開始認為也許他真的可以教我一些東西。

羅賓斯能夠說服我的原因之一，是他用公開透明的方式，說明自己的動機。他在某一刻告訴我們：「你們聽我說，我只是跟你們一樣的美國人，我的動機是快樂和成功，過著最好的生活。而且，如同你們大部分人，我也想要賺錢，發大財，希望自己比今天還富有，舉辦這種研討會是我主要的賺錢方式。但是，我雖然希望變得更富有，卻更喜歡幫助別人。我知道我可以教一些對你們有幫助的事情，而且比報名費有價值多了。」

這是真誠力量的絕佳範例——說出內心真話。他坦承自己的自利動機，說服了我對他做出無罪推定，因此，我留了下來。

其實，我原來的疑慮多少還算正確。羅賓斯的研討會是一種洗腦方式。透過大聲喊叫著某件事情，經常足以真的把那件事情

灌輸到腦海裡，重複一再灌輸，可以把任何概念深植在心裡。這樣做有一點危險的地方，就是可能遭到基本教義分子和政治極端分子利用。但是在這個例子裡，洗腦是為了追求良好的目的，意在協助我們過更好、更成功的生活，而我完全贊同這種洗腦。

我們的意識會改變所處的現實狀況。我開始認為，羅賓斯要我們複誦的積極口號，對於我們重新調整自己的意識方面，是強而有力的工具。從此以後，我不斷地發現，我們必須在未來發生之前，先想像自己的將來。

人類意識的力量到底有多大？在研討會的第一個晚上，便以令人難以忘懷的方式展現。羅賓斯煽動我們進入非常歡樂又極為堅定的情緒中。我們在這種發生變化的狀態，脫下鞋襪，踩在會議中心外面的草坪，還確確實實地走在火紅的餘燼上。我不知道有什麼合理或科學的解釋，能夠說明我們的腳沒有燙傷的原因。但是，對我們當中的很多人來說，這是改變一生的經驗。事情結束後，我可以看出大家的眼神確實不同以往，如同新的火焰和熱情點亮了他們的眼睛、也點亮了我的眼睛。

這次二十英尺長的過火看來可能有點虛假，卻創造出一個象徵：我可以打破自己限制、建立更美好的現實。並產生了一種體驗式的領悟，讓我了解如何像羅賓斯所言，「生命可以在一次心跳之間改變」。如果你真的願意奉上每一點一滴的身心靈去追求，也許在某一刻看來不可能的目標，到了下一刻，可能即將實現。

　　過去，牛津的教授秉持實踐檢驗真理的信念，極為努力的訓練我從事邏輯思考的方法，若是他們得知這位激勵人心的演說家對我的衝擊，應該會啞然失笑，還會大惑不解。但是，當我的正規教育引導我走上的是條事業絕路時，羅賓斯的話正是我需要聽到的訊息。

　　例如，羅賓斯反覆在我的腦海裡灌輸的一種觀念是：如果你有希望到達的地方，卻困在原地，那麼「你只需要起而行，行動一下，任何行動都可以！」這種事情可能對任何人都是顯而易見，真的，對我來說，也是顯而易見。但是，由於我分析癱瘓造成的傾向，要我在圖書館裡神氣活現的表示意見，比採取行動還容易。羅賓斯讓我相信，我必須打破負面思考的循環、突破內心的恐懼，起而行動。

　　1910年，老羅斯福總統（Theodore Roosevelt）在巴黎演講時，曾經告訴聽眾：「榮耀不屬於評論家；也不屬於指出強者如何失足、或對真正行動的人指指點點如何可以做得更好的人。榮耀歸於真正站在競技場上，臉孔被塵土、汗水和鮮血沾染的人。」

開啟第二人生的塑造

　　接受羅賓斯後，我開始大量閱讀其他自助大師的書。我參加羅賓斯的研討會前，對《卡內基溝通與人際關係——如何贏取友誼與影響他人》（*How to Win Friends and Influence People*）這本書

不屑一顧。但是，巴菲特本人曾經稱讚作家戴爾・卡內基（Dale Carnegie），說卡內基對他的幫助極大。事實上，巴菲特說過，他唯一放在辦公室裡的畢業證書，是證明「他成功完成卡內基的有效演說、領導能力訓練與贏得朋友、影響別人藝術」課程的結業證書。在過去，我也同樣會拒絕拿破崙・希爾（Napoleon Hill）的大作《思考致富》（*Think and Grow Rich*），即使號稱「加拿大巴菲特」的楓信金融控股公司（Fairfax Financial Holdings）極為成功的董事長兼執行長普雷姆．瓦特沙（Prem Watsa），對這本書讚譽有加，我還是棄之不顧。

　　一時之間，這些書全變成我的人生指引手冊。我看這些書，目的不是為了在晚宴中展現智慧，而是努力鑽研書中的內容，尋找可以用在生活中的有用觀念。這些書在我的價值型投資人與企業家自我教育中，是重要的第一步，讓我得以接觸比較實際、人性以及世界真正運作方式有關的思考方式。

　　例如，卡內基解釋說，說服別人相信某些事情最好的方法，是迎合他們的喜好。同樣的，他談到跟別人談話時，用別人的名字稱呼他們的力量，也談到對他們個人展現真正興趣的重要。這些簡單的見解有助於我改變自己跟別人互動的方式，以前我會專心利用我的知識，向別人顯示我有多麼聰明，不然就是訴諸於理性的頭腦，我以前真是聰明過頭了。

　　我開始刻意應用這種自助類型的教訓，設法替自己洗腦，以便塑造追求成功的新習慣。我甚至改變跟自己和別人談話的方

式，我不再說：「我覺得難過」，而是改說：「我希望能夠有比較好的感覺。」下面這種說法雖然是老生常談，但是因為頭腦能夠把我們的注意力，移轉到我們專注的事情上，因此，抱著積極的態度非常重要。學校和大學極為努力地培養我們的知識，以致於我們可能在輕忽之餘，忽視了可能讓我們日子過得更快樂、更有生產力的簡單策略。

大約在我學習這些理念的同時，我也採取實際的步驟，擺脫自己的舊習慣，加入紐約證券分析師協會（New York Society of Securities Analysts），開始參加他們在世界貿易中心舉辦的午餐聚會。我會衝過朱可提公園，抵達會場，不再有時間跟西洋棋手耗在一起。

我也向美國散戶投資人協會（American Association of Individual Investors）買了一些軟體，以便篩選葛拉漢最先提倡的「淨流動資產」股（net-net stock），我在Excel試算表上建立模擬投資組合，而且每週用手動更新價格。當我看到投資組合中的更多股票表現遠遠勝過大盤，就會讓我無比興奮。

我也投資訂閱雜誌《價值線》（Value Line），深入研讀新出刊的內容，在上面看到伯靈頓商店股份有限公司（Burlington Coat Factory），這家公司的股價似乎相當便宜，長期財務紀錄讓我印象深刻，結果這家公司變成我有生以來買進的第一檔股票。這時我迷上葛拉漢所說「股票不只是一紙交易憑證，而是一家企業一部分所有權憑證」的看法。因此，我像一位把資金投入實際事業

運作的真正資本家，抱著興趣和興奮之情，拜訪這家公司在紐約和奧馬哈的店面。當時我幾乎一無所知，卻抱著這檔股票好幾年，賺到一點利潤。

同時，我開始看出外面有一個由價值型投資人構成的小小生態系統，這些人都依據類似巴菲特的知識和誠正道德來操作，跟我在布萊爾公司碰到的人正好相反。他們避免胡亂吹噓，而是把重點放在創造股東的長期利益。我強烈地渴望加入他們的陣營。在我看來，有一家公司特別突出，好比價值投資法的精神堡壘，就是1920年創立的崔帝布朗公司（Tweedy, Browne）。

我夢想在這樣的公司裡找到工作，因此，我買了他們公司兩檔共同基金中的股票，並詢問他們，我可不可以拜訪他們在曼哈頓的公司。我原本希望他們會僱用我，但是他們當時沒有找分析師的需求──至少不需要像我一樣的分析師。然而，走進這間神聖的殿堂，仍然讓我興奮莫名。我知道巴菲特的老友華特・施洛斯（Walter Schloss），曾經在這裡的辦公室工作過幾十年，創造過極為優異的報酬率。

我再度感覺到遭到拒絕的痛苦，但是，他們很好心，給我一份巴菲特的經典文章〈葛拉漢與陶德的超級投資人〉（Superinvestors of Graham-and-Doddsville）。我把文章帶回家，發現裡面有價值型投資者魯安康尼夫公司因管理紅杉基金，所創造絕佳績效的投資紀錄。1969年，巴菲特結束投資管理業務，把資金退還給股東時，只向客戶推薦了兩家公司，魯安康尼

夫公司就是其中之一。紅杉基金從1970年創立以來，一共上漲了
38.819倍，相形之下，標準普爾500指數只上漲了8.916倍。

從細節創造趨近成功的優勢

我希望在那裡找到工作，因此寫信給康尼夫本人，獲得他
們公司董事、同時也是公司其中一位合夥人的女兒卡莉‧康尼
夫（Carley Cunnif）的邀請，要我到她的辦公室去。我對她敬畏有
加，她自小在充滿葛拉漢、巴菲特和智慧型投資這類話題的餐桌
中成長，而且成為了十分傑出的分析師。

2005年去世的卡莉慷慨大度又十分好心，雖然他們顯然沒有
我能夠去做的職缺，而且我完全幫不上她的忙，但她還是帶著我
到處看看，把我介紹給她的同事。她的舉動顯示她對我的真心誠
意，我深受感動。在此，她也教我一個真實的寶貴教訓，即使社
會新鮮人不值得這樣幫忙，但是釋出善意去幫助新踏上職業生涯
的人極為重要。她看到另一個人的內心，對我做出無罪推定，並
盡其所能的幫助同屬價值型投資人的我。

留在這種天地的方法之一是買紅杉基金的股票，這樣我每
年春季就可以參加他們在紐約運動俱樂部舉行的股東會。但是，
紅杉基金已經多年沒有開啟新投資人的投資之門，所以我在電子
灣（eBay）網站上找到一個人，願意以比每股資產淨值128美元
高出好幾倍的500美元，賣給我一股紅杉基金股票，就這樣我擁

有了紅杉基金的股票，希望餘生中都保有這些股票。

我的目標不是賺錢，不過我猜想紅杉公司會繼續創造優異的績效。在你的人生中選擇那些你欣賞的典範人物（不論你們之間有多麼無關），其實都是一門學問。就像後面會詳細討論的一樣，你要創造正確的環境或網路，協助競技場地略微轉向正確的方向，以便增加你成功的機會，優勢經常是靠難以察覺的步驟，在不知不覺中創造出來的，因此，進入魯安康尼夫之類公司的天地中，的確會讓人大不相同。

出席紅杉公司股東會的人當中，很多人也是波克夏公司的股東，有時候，連波克夏公司的經理人都會出席。因此，我認識了路‧辛普森（Lou Simpson），他是巴菲特親自挑選，負責把蓋可保險公司（Geico）的資金投資在股票上的人，巴菲特曾經形容他是「我所知道最厲害的人」。

像巴菲特一樣思考

我的再教育中的另一個基礎，是更為傾力研究巴菲特的投資策略，要這樣做，最好的方法莫過於研讀波克夏公司的年報。在網際網路問世前，實踐這個策略的方法就是打電話給他們公司，把我的地址告訴他們。幾天後，我的第一本波克夏公司年報寄到了，郵件上面的地址還是手寫的，這本年報有如天啟。

我在布萊爾公司裡，看過極多附了很多曲棍球棍形式圖表的

事業計畫，所有的預測全部都是上升。波克夏公司的年報封面平淡無奇，強調的是巴菲特寫給股東坦誠、不帶自我推銷又容易了解的信函。年報中也附有一張表，顯示公司淨值增加的程度。整本年報純粹是資訊，目的不在於利用統計數字說謊，或用印在光亮紙上的漂亮照片，為事實真相塗脂抹粉。

我從來沒有看過這樣子的年報，這種年報意在吸引根據正當理由、真心誠意去閱讀的股東。我原本認為，在企業天地裡，最重要的事情是比別人叫的更大聲，才能吸引別人的注意，但是巴菲特希望說給不受噪音影響的人聽。

當我一再閱讀波克夏公司舊年報合訂本時，想法逐漸趨近巴菲特。我知道這樣說聽起來很怪異，但是我覺得，每當我依據巴菲特可能的行為方式行動時，他就會對我微笑；而當我背離這種路線時，他就棄我而去。這樣做不是偶像崇拜，而是選擇一位導師，跟著他學習那些他已經發現、但我卻仍然需要學習的真理。

其中的智慧遠超過投資天地的狹隘範圍。我要告訴你的事情，可能是我幾十年來的研究和摸索中，所發現最重要的唯一祕密。如果你真正應用這種教訓，我敢說，即使你忽視我所寫的一切事情，你過的日子還是會變得好多了。

我偶然發現的事情是：因為我渴望知道如何擁有更像巴菲特的那種生活，我開始不斷地問自己一個簡單的問題：「如果巴菲特處在我的位置，他應該會怎麼做？」

我不是閒坐在咖啡店裡，喝著卡布奇諾時，想著這個問題。

不是這樣。我是坐在桌子前面，努力想像自己是巴菲特，想像如果他處在我的位置，他會做的第一件事情應該是什麼。

羅賓斯把這種過程稱為「效法」我們的英雄。其中的關鍵是盡量精確，盡量盡我們的力量，盡可能詳細的描畫我們的英雄。他教導的一種相關技巧叫做「契合與映現」（matching and mirroring），這種技巧是利用改變你的行動、甚至改變呼吸方式，以便契合別人的行動或呼吸。根據我的經驗，你會開始感受到他們的感覺，甚至會開始像他們一樣思考。

這樣聽來可能相當奇怪，但是，模仿能力是人類進步最有力的方法之一，你只要想想小孩怎麼學習父母，就會了解。鑒於模仿是人類天生的直覺，重要的是慎選我們所要模仿的對象。事實上，你要模仿的對象甚至不見得要是活著的人。就像孟格所解釋的一樣，「如果你穿越生命，跟擁有正確觀念的著名古人為友」，也一樣行得通。

我很幸運，這本書不是跟科學有關的書，因此，如果其中有科學，我不必證明或解釋背後的科學原理。但是，我可以很權威的告訴你，在主觀的層面上，這種方法對我發揮良好的作用，我開始模仿巴菲特，生活接著開始改變，就像我已經轉到一個不同的頻道，我的行為改變了，我也不再感覺受困。

這麼說來，你要怎麼才能運用這些識見呢？我們都知道，指導之道是大事。經常有人告訴學生和年輕的教授，要像將來我們應該會試圖指導別人一樣，找一位貴人兼恩師。如果你可以親近

你的英雄，當然一切都會很好、很順利，但是我無法親炙我的貴人，巴菲特不是閒來無事坐在奧馬哈的辦公室裡，等著我這位受到玷汙的布萊爾公司畢業生打電話過去。幸好這點並不重要，我可以藉著全心全力研究他，然後想像如果他處在我的地位上應該會怎麼做，得到以他為導師的極多好處，甚至得到幾近所有的好處。

研究巴菲特每個成功的步驟

我想像自己是巴菲特，也開始研究他的投資組合中的公司，希望透過他的眼光，看透這些公司，並且了解他為什麼要持有這些公司。因此，我訂購了他的主要持股公司的年報，包括可口可樂公司、大都會／美國廣播公司（Capital Cities/ABC）、美國運通公司（American Express）和吉列公司（Gillette）。這樣做再度讓我感受到一種怪異的感覺，就是巴菲特──可能還有上帝本人──正在對我微笑。

接著年報陸續寄到，我清楚記得閱讀大都會／美國廣播公司年報時的情形。到當時為止，我從來沒有深入看過這麼成功媒體公司的帳目，當我看著現金流量表時，幾乎不敢相信自己的眼睛，這家公司根本是在現金中游泳，損益表已無法貼近地傳達這台現金製造機器的力量。我以投資銀行家的身分來看，過去我所分析的多數公司，要不是現金大量流失，就是嚴重誇大自己創造

現金的能力。閱讀年報的過程，讓我感覺自己好像開始在念第二個管理碩士課程。

接著我決定參加波克夏公司的股東會，我透過已經是波克夏股東朋友的朋友，拿到一張入場券，然後在大概一個人也不認識的情況下，飛到奧馬哈。

看到魔法發生的奇威廣場大樓——巴菲特的工作地點時，我簡直興奮難耐！我租了一部車，開車經過他那舒適又平凡的房子時，感覺到像小孩般地飄飄然和快樂。我也在巴菲特最喜歡的高瑞特牛排館吃晚飯，第一次跟一群同樣來奧馬哈的波克夏股東坐在一起用餐。用投資術語來說，我已經出了沙漠，過了紅海，找到了我的應許之地。

那一年我在奧馬哈有兩次特別值得回憶的遭遇，一次是跟羅斯·布倫金（Rose Blumkin）見面，她是從俄羅斯移民美國的猶太後裔。1937年，她以跟兄弟借的500美元，創立了內布拉斯加州家具賣場（Nebraska Furniture Mart），而且把這家賣場擴大為美國最大的家庭裝飾品公司。1983年，巴菲特只跟她握握手，甚至沒有查看公司帳目，就直接以5500萬美元的價格，買下這家公司90%的股權。巴菲特後來宣稱：「若讓她跟頂尖商學所的頂尖畢業生競爭，或是跟財星五百大企業執行長競爭，假設大家公平使用同樣的資源起家，她一定會遠遠超過他們。」

我見到一向號稱B太太的她時，她已經高壽一百零一歲，卻仍帶著一股無法阻擋的活力，她長得矮小，開著一輛購物車，身

邊圍著顯然讓她感覺厭煩的粉絲。我找到機會，直視著她的眼睛，無禮地問她說：「噢，巴菲特告訴我，你在賣地毯，你可以開個好價錢給我嗎？」她的眼睛亮了起來，回答我：「啊哈！你束尊（是真）的想買，還束只束像這裡其他的輪（人）一樣，想跟偶（我）聊天？」

我在那一刻，看懂巴菲特為什麼尊敬她。她隨時隨地都散發生意精神，而且完全透明。她九十五歲時，曾經短暫試行退休一陣子，卻隨即回到工作崗位。她的座右銘是「便宜賣，說實話，不騙人。」如同我希望我的生命裡有巴菲特，巴菲特希望自己的生命裡有她這樣的人。幾十年來，他創造了這種環境，而我才剛剛開始創造我自己的環境，我學到了怎麼分辨跟我在一起的人，應該是什麼樣的人。

另一次是在股東會開始前的片刻，跟股神本尊碰頭。當時我正要走進廁所，出來的人不就是巴菲特嗎？他對我笑著說：「開這種會之前，我總是有點緊張。」說完，就走了過去。

我上次親眼見到巴菲特時，還是哈佛的學生，當時我根本不想聽他說話，現在看到他從廁所走出來，卻樂不可支。

因為他很成功，我有五分預期他是個遙不可及的人，但沒有想到他對完全陌生的人這麼親切、這麼平實。即使這次的相遇很短暫，我也可以看出他對股東所抱持的善意。整個股東會裡，我也可以看出他絲毫沒有虛張聲勢、端架子或是裝模作樣，他所表現的就是他的本色。

突破瓶頸，創立海藍寶基金

我在羅賓斯和巴菲特的啟發下，越來愈有機會來臨的感覺，我不再覺得每一扇門都對我關閉，我開始了解自己有向前邁開腳步的可能性。我已經對價值型投資沉迷之至，因此，我希望有人願意僱用我當股票分析師，但是，我還是找不到工作。

接著，家父毫無來由地從倫敦的家裡打電話來，建議我替他管理一部分資金。當時是1996年，我沾染了滿身布萊爾公司的腥羶，他很可能是唯一信任我的人。家父賽門（Simon Spier）在以色列出生，父母是德國難民。後來家父創辦了一家中小企業，名叫海藍寶化學公司（Aquamarine Chemicals），經營很成功，從事農作保護產品的貿易與流通。他看著我愈來愈沉迷於投資，就告訴我：「兒子，如果你現在不能靠著自己的力量，突破出來，你會完全瘋掉。」

他的催促促使我創業，最初他大約交給我100萬美元，然後大約在一年內又增加投資金額，他的兩位事業夥伴也跟著一起加入投資。因此，我的基金資產增加到1500萬美元上下，我把這檔基金叫做海藍寶基金，多少象徵著我重新加入家族企業的意味。這檔基金從1997年9月15日公開上市。

有一段非常長的時間裡，我希望隱藏人生旅程中的這一段──或者至少應該說為這一段旅程感到困惑。我渴望向全世界證明我的成就完全屬於我，靠著父親的幫助創業，看來像是一種

不公平的優勢。但是，我很感謝有這種機會，其中的責任讓我害怕。幾年內，我從崇拜巴菲特的人，變成管理家父絕大部分終生積蓄以及一群少數親朋好友資產的人。

即使具有這種背景，我成功的機會還是相當渺茫。絕大多數避險基金的生存期限不會超過十八個月，沒有足夠的資產以便達成規模的話，要生存下去很難。為了降低成本，我像大多數避險基金一樣，在自己的紐約公寓裡經營這檔基金。

這樣創業相當寒酸，但是我覺得，我終於開始做自己天生注定要做的事情了。然而，現在真正的考驗才要開始，我能不能成功的應用所有這些理論，實踐打敗大盤長期報酬率這種難以掌握的目標呢？

第四章

深陷紐約旋渦

> 我們身為投資人，都有不少缺點，關鍵在於接受我們自己，
> 了解我們的差異和限制，想出避開這些問題的方法。

我就這樣，開始管理起親朋好友的資金。雖然當時我才三十歲，相當菜且毫無經驗，但是我做對了幾件事，也許跟想通應該避免那些問題有一點關係。

巴菲特經常引用亨利·福特（Henry Ford）的話，談到把所有雞蛋放在一個籃子裡，然後非常用心注意籃子的重要性。我驚駭的是，我看過華爾街上太多的例子，都是把很多雞蛋分散在很多不同籃子裡。連最著名的共同基金公司，都採用同時銷售很多檔基金的做法，然後表現優異的基金會得到行銷經費，再從投資人手中募得更多資金。而績效差勁的基金的結果不是結束經營，就是併入績效比較好的基金中。在這種過程裡，失敗者會像從來沒有生存過一樣，遭到埋葬；成功的基金會得到關注，加強宣揚。

我在布萊爾公司見過類似的事情，公司的營業員會叫不同的客戶，買進不同的股票，虧損的客戶應該是大勢已去、無可挽回；賺錢的客戶卻便於爭取更多的業務。同樣的，有些投資雜誌

的發行人也有區隔訂戶名單的做法，把不同的預測資料換上不同的標題寄給不同的人，然後可以下工夫，爭取表現優異訂戶名單中的所有客戶。

從過去到現在，我都厭惡這種花招，我下定決心，整個投資生涯中，都將只經營一檔基金，以便只有一種績效紀錄，如果這檔基金的長期績效差勁，眾人都能看得一清二楚，我沒有地方可以躲藏。

同樣重要的是，我家人的資金會跟投資人的資金一樣，一起放在這檔基金裡。事實上，我幾乎把自己的所有淨資產都投資在海藍寶基金中，因此，不論好壞我是真的自己承受投資結果。我的利益和股東利益一致的這一點至為重要，這不是銷售宣傳，只是簡單的指出這種做法便於產生良好的投資，倒不是因為這樣讓我可以專注一個投資組合，而不會分散注意力。在這件事上面，我刻意模仿巴菲特，幾十年來，他都把所有投資精力放在波克夏公司上。

盲從比對抗常規更容易

但其他方面，我背離了從他身上辛苦得來的教導原則。例如，我應該簡單的拷貝他經營波克夏公司「前管理投資合夥組織」時的費用結構，當時他不收年度管理費，只有高於6%投資報酬率時，才收取獲利的四分之一。這是極為罕見的結構，卻是我所

見過投資專家和股東利益最為一致的情況，真正具體表現跟股東一起賺錢，而不是從股東身上賺錢的原則，除非股東得到優異績效，否則基金經理人什麼錢都賺不到。

然而，我創立海藍寶基金時，卻選擇紐約避險基金的標準費用結構，這表示我要收1％的年度管理費（不管我替股東創造的績效多差，我都會得到這筆報酬），加上獲利的20％績效獎金。

我為什麼要這樣做？因為要讓我的基金順利運作，我免不了要找律師、經紀商和其他顧問，他們全都告訴我這種遊戲應該怎麼玩。對他們來說，我想採用巴菲特1950年代非正統費用結構的想法，似乎很怪異。他們希望保護我，努力向我解釋我需要這筆穩定的所得，他們無法想像有人能夠靠著完全無法預測的績效獎金過活。他們看不出來的是：1％年度管理費和20％績效獎金的費用結構，將造成我的利益和股東的利益之間，產生微妙的失衡。但是我卻允許自己任他們左右，其實在這方面，我應該更堅持己見才對。

我也希望模仿巴菲特，讓股東一年只能贖回資金一次，這樣有助於基金經理人進行長期投資，造福股東，也有助於安定股東的心理，因為他們比較不會常想到這檔基金的表現如何，自己是否應該賣掉。畢竟在股市中，無為和耐心經常是投資人最明智的選擇。同理，我發現不要天天（實際上是不要每週）檢查我的持股表現如何，對我會比較好，否則不容易保持長期觀點。

總之，我的顧問認為這種贖回政策很荒謬，他們堅持我應該

讓投資人只要提前三十天通知，就可以贖回。但問題是這表示基金經理人會經常擔憂股東何時會猛然抽回資金。後來，2008年爆發金融海嘯時，這個缺點變成了重大弱點。

我沒有堅持立場，反而舉手投降，接受了紐約避險基金業界這些根深蒂固的做法，整個機構環境使我難以抗拒。雖然我心存好意，卻落入常見的陷阱中：跟著群眾走總是比跟群眾對抗容易。我這樣做雖然錯過了開創理想結構的機會，卻讓我有一種虛假的安全感，知道這是「業界的標準做法」。

直到後來認識了巴布來，遇到金融危機再度來襲時，才看出盡量精確地模仿巴菲特的合夥人結構有多少好處，我在遭到誤導之餘所做的妥協不是致命的死罪，但是，我回顧自己的投資生涯時，卻痛苦地看出，自己多麼快就背離從奧馬哈所學到歷經時間考驗的智慧。

我本來可以徹底做對，得到完美的分數。不過我的成績也還算可以，但是這種微小的差別在投資上很重要，在投資這種追求中，長期而言，加總結構上小小的改變，卻可能變成重大的差異。長期複利成長是投資人最好的朋友，因此，為什麼要妨礙複利成長呢？從一開始就解決這種似乎不重要的細節，的確具有極大的好處。

問題之一是你非常容易陷入紐約金融世界的旋渦中，受到其中扭曲的價值觀和誘惑影響，我覺得我的心在奧馬哈，我也相信我可以利用心智力量，超脫我所處的環境。但是，我錯了：我逐

漸發現，環境力量遠比心智強大多了。極少數著名的業餘或專業投資人真正了解這個關鍵重點。投資高手如巴菲特（離開紐約，回到奧馬哈）、約翰·坦伯頓爵士（John Templeton，定居在巴哈馬群島）都清楚了解這一點，我卻花更長的時間才學到這寶貴的道理。

遠離華爾街

我當時考慮搬到奧馬哈，但是在紐約有太多跟我有關係的人，使我希望留下來。然而，剛開始創業的那幾年裡，我盡量遠離紐約現場和華爾街，先是在西66街1號的公寓，然後在一系列三處非正式的辦公場所，以充滿幸福愉快且與世隔絕的方式工作。

其中一個地方是西58街的公寓，跟莫尼卡·魯文斯基（Monica Lewinsky）為鄰。另一個地方是西55街的兩房公寓，跟捷藍航空（JetBlue）創辦人大衛·尼爾曼（David Neeleman）為鄰，我看過報導，說他也和我一樣有注意力缺失症，卻仍然創建了一家很成功的公司。我發現這件事讓我覺得安心，跟他住在同一棟建築裡，經常可以提醒我，我也可以克服自己獨特的天生狀況。我逐漸認為，我們身為投資人，都有不少缺點，關鍵在於接受我們自己，了解我們的差異和限制，想出避開這些問題的方法。

同時，雖然我沒有看來專業的辦公室，但我卻過得很愉快。我的基金規模仍然很小，投資報酬率卻相當不錯，投資績效能

夠推高，靠的是投資德富國際評級公司（Duff & Phelps Credit Rating），股價上漲了7倍。這家公司完美地顯示了我跟巴菲特學到的東西：尋找價格便宜、四周有「護城河」圍繞、口袋裡現金滿滿的公司。

雖然別人在1990年代末期，捲入科技泡沫，我卻完全沒有受到誘惑，原因之一是我跟巴菲特、康尼夫、崔帝布朗公司此類頭腦冷靜的投資專家同行。跟著他們秉持的理念行動，協助我保護自己，不受科技狂熱影響，並由這件事再度證實環境會壓倒心智。

投資人的心魔

經過五年後，我的基金績效明顯超越大盤，投資界緩慢而穩定地把少許的儲蓄，交給我管理，最後海藍寶基金管理的資產超越5000萬美元大關，別人開始注意到我。我對華爾街沒有興趣，華爾街卻對我產生了興趣，這件事頂多只能說是利弊參半的事情。

來自四方各種希望跟我建立關係的人，現在都把我放在他們的雷達屏幕上，有些人希望我聘請他們當律師或分析師，有些人希望向我出售昂貴的投資研究服務，有些人希望成為我的經紀商，有些人希望我請他們代銷我的基金，吸引更多資產，從中賺到一些費用。

這些人希望我變成下一位克里斯・霍恩（Chris Hohn）或比爾・艾克曼（Bill Ackman），這兩位跟我同輩的投資專家迅速竄

起，成為大家心目中最閃亮的投資明星。這些人賭的是，如果我沒有辜負他們的期望（或一廂情願的想法），他們會從中賺到錢。畢竟，我跟霍恩及艾克曼一樣，都上過哈佛商學院，因此，有人認為我可能跟他們有相似的地方。

我受寵若驚，簡直被捧上天，到了危險的程度。情況甚至更糟糕，種種來自外界的關注都有助於刺激我內心男性雄風的效果，刺激著我從初期擔任投資銀行家以來，就不曾感受過的競爭精神和男性氣慨。畢竟，如果這些行銷專家和野心勃勃的分析師、律師和經紀商都把我比擬為霍恩和艾克曼，那麼為什麼我自己不做同樣的假設呢？我記得他們當中有個人告訴過我，說我應該管理50億美元，而不是只管理5000萬美元。從某種角度來看，這種情形似乎表示我的男性氣概有問題。

當時霍恩和艾克曼不斷壯大，他們以自己亮麗的報酬率為基礎，管理幾十億美元的資金，我卻仍然是個小人物。不久之後，我湧起一股發自內心深處的貪心，感覺到自己渴切盼望規模和地位，綠眼睛的魔鬼[1]占據了我的心，嫉妒填塞我的整個胸臆。

當時有很多亂流存在，我這樣說是過度簡化的說法，卻掌握了我所深陷紐約旋渦的一個關鍵因素。到現在為止，我的內心深處從未經歷過如此嚴重的嫉妒之心，當時我無法辨認，但實際上那種情感的確就是嫉妒。

---

1. 莎士比亞曾說：「你要留心嫉妒啊，那是一個綠眼妖魔。」形容嫉妒的可怕。

巴菲特和孟格曾經開玩笑說，嫉妒是人類七大原罪中唯一沒有樂趣的原罪。孟格補充說：「嫉妒很瘋狂，嫉妒具有百分之百的毀滅力量……如果你早早把嫉妒從生活中排除掉，生活會更美好。」

我認為，嫉妒也是一種我們喜歡否認，卻會為我們帶來危險的情感。在金融市場上，嫉妒是無聲的殺手，會導致大家採取跟異於平常的行事作風。舉例：投資人看到朋友在極度高估的科技股上大賺一票時，因而在泡沫即將破滅的前一刻，大買科技股。我們必須清楚這種情感力量會在我們內心中沸騰，因為基本上，這種情感會扭曲我們的判斷，混淆我們做出理性判斷的能力。就像古老的希伯來諺語說的一樣：「何人堅強？掌握本身熱情的人才堅強。」

揭開瘡疤，是進步最快的方法

葛拉漢寫到市場先生的不理性時，寫的精彩極了。我們必須了解，因為這種不理性也是我們的柔弱人性中不可分割的一環。我的價值型投資人教育中有一個重要的特點，就是學習偵測自己的情感弱點，以便發展出各種策略，以免情感對我造成破壞——後面我們會談到這一點，自我矯正的過程始於認識自己。

這一切很重要的原因是：投資會暴露我們的心理斷層線——不論是貪婪、權力欲、社會地位還是其他缺點。嫉妒是我

當時最大的弱點之一。我理應要對自己的一切很滿意，因為我不只是「百分之一」人上人中的一員，還是萬中選一的人中之龍。我可以自由安排自己的時間，我可以隨時隨地任意前往我想去的地方短住或度假，還有人幫忙處理我不喜歡做的事情。

但是，在紐約或倫敦這種地方有一個問題，就是總會有更多人表現比你優秀。我的辦公室沒有閃閃發亮的落地窗，也沒有可以看盡曼哈頓天際線的全景式景觀，辦公室的雅緻比不上霍恩在倫敦避險基金聖地梅菲爾（Mayfair）的辦公室，我在紐約上西城位於最美麗街道上的漂亮住家也比不上艾克曼的家，看不到中央公園的一片樹海。

我希望贏得避險基金之戰，不管對錯，我都相信自己跟競爭對手一樣精明。「我沒有爬上頂尖地位」的想法不斷啃嚙著我的內心，對我而言，光是表現優異還不夠。

我決定行銷自己，卻不知道如何著手進行。少數情況下，在面對一群潛在投資人聽我說話時，我會因為緊張而恢復過去在大學時那套對我有幫助的行為——用飛快的速度，大聲說出一連串的構想，希望我的話能夠打動別人。有時候，我會發現自己試圖用「其他因素不變」（ceteris paribus）和「必要條件」（sine qua non）之類的拉丁文，希望聽眾能夠聽出我話中的價值，就像我在牛津大學輔導課堂上說話一樣。

但事實真相是：我不應該在意由自尊心驅動的盲目追求成長。我的基金表現優異，我的家人也投資極多的資金在裡面，因

此，我不需要浪費時間，吸引外界投資人額外的資產。但我的嫉妒引導我誤入歧途，因為我希望別人看到我像霍恩和艾克曼一樣，管理幾億、甚至幾十億美元。我希望自己的時間能夠更善盡利用，專門用來挑選最好的股票，而且讓投資績效自行說明一切。

在其他方面，我也以同樣可笑的方式，捲入紐約的旋渦中，我在卡內基大廳大廈（Carnegie Hall Tower），租了一間豪華辦公室，一舉把我的年度租金支出從6萬美元，提高到25萬美元；我以一年大約2萬美元的代價，租了彭博資訊社的終端機——等於吸食強效古柯鹼一樣的資訊設備。我也聘請了一位營運長、一位分析師和一位幹勁十足的律師。從結果來看，嫉妒和驕傲是代價高昂的缺點。

但是，這不只是跟贏得別人的認可有關而已，擁有這些成功的虛飾也讓我覺得比較好過。我需要知道自己高高在上，才可以繼續追逐這些虛假的偶像。家父聰明地問我：「你為什麼要這樣做？為什麼想要變成像避險基金超級巨星一樣？」

幸好我有很多事情做對了，包括我沒有拿股東的資金來玩輪盤賭，因為我內化了巴菲特的教誨，知道投資的第一守則是「不要虧錢」，第二守則是「不要忘了第　守則」。我相對地採取規避風險方式，妥善管理基金，尤其在科技股崩盤時。但是我認為，與其喋喋不休地談我做對的地方，不如跟你分享我的錯誤，對你應該比較有幫助。如同孟格所言：「我喜歡大家承認自己是十足十的大笨蛋，我知道我反覆揭自己的瘡疤，我的表現會變得更

好，這是必須學習的精彩高招。」

三人行必有我師

在紐約的這段期間裡，有很多事情後來讓我覺得懊悔，但是我做了一個對往後人生產生極大好處的決定。我開始尋找和結交一群投資「智囊團」，他們將變成我終生的朋友、值得信任的諍友。單靠自己一個人的力量成功並非不可能，但的確很難。最偉大的歌劇明星都有位歌唱老師指導；網球奇才羅傑・費德勒（Roger Federer）有一位教練；而巴菲特經常跟志趣相投的人聚會。

我們每週聚會一次，把自己的論壇叫做小聚（Posse），成員包括大衛・艾根（David Eigen）、肯・史坦因（Ken Shubin Stein）、史特凡・羅森（Stefan Rosen）葛倫・唐音（Glenn Tongue）等投資專家，艾克曼偶爾也會來參加。我透過這個論壇，也認識了喬爾・葛林布雷（Joel Greenblatt），成為價值型投資人俱樂部（Value Investors Club）的成員。小聚每星期會選某一個早上聚會，聚會時，至少有一位成員必須準備一項跟股票有關的概念，交給其他成員辯論和分析。這對擴大我知識領域的幫助，比我研讀教科書或上管理碩士學程還大。我們不但學到怎麼投資，而且對彼此的了解也更深入，知道什麼東西促使我們發憤圖強，什麼東西對我們可能無法發揮影響。

「小聚」產生的友誼本身就是一種獎勵。從純投資的觀點來看，這些盟友也變成了競爭力的來源，因為我們彼此會互相提防。如果我打電話給某一位成員，研究他們提出的構想，這樣不只是他們說的話很重要而已，我對他們的認識也讓我可以評估他們給我的資訊，我們互相了解彼此的偏好和考慮因素很重要。

接受自己犯錯的可能性

有一次，「小聚」在我難以忘懷的情況中，把我從自己的危險處境中拯救出來——也讓我更為相信接受別人觀點的好處。

那時，我自認我發現一間非常好的公司，叫做聯邦農業抵押貸款公司（Farmer Mac，簡稱農地美）。我尋找投資標的的方法之一是研究大師，然後探究是否應該購買相同的股票，或是購買性質類似的股票。巴菲特在房地美公司（Freddie Mac）上有鉅額投資，在房利美公司（Fannie Mae）持有大筆股份，這兩家公司後來都迷失方向，但是，當時卻是非常好的企業。他們的主要資產是美國政府暗示性的信心、支持和信用，這樣表示他們幾乎可以用沒有風險的利率借到資金。在我尋找具有類似優勢的公司之時，結果找到農地美，農地美是美國農業部門中政府贊助的微型企業，我認為這家公司是類似的璞玉，只是大家都還沒有發現而已。

2003年，我邀請農地美公司的經營階層，到我們的「小聚」來做點簡短說明。著名的避險基金經理人、作家兼電視評論家惠

特尼‧狄爾森（Whitney Tilson）後來把這個構想，告訴艾克曼。
艾克曼是聰明的分析師，天分很高，善於看出其他投資人看不出
來的細節；他從哈佛畢業後，創設了一家投資公司，叫做高譚夥
伴公司（Gotham Partners）。

　　幾星期後，艾克曼在我們的「小聚」早餐會後，把我拉到一
旁說：「老蓋，我有一件事要跟你談談。」我知道他慷慨大度，
又喜歡替單身的朋友做媒，以為他想替我找對象。事實上，他是
因為聽說我擁有農地美的股票，想告訴我更多跟農地美有關的事
情。自從狄爾森告訴艾克曼我對農地美有興趣後，艾克曼為了研
究這家公司，顯然熬夜到凌晨四點左右。隔天早上，他打電話給
狄爾森，謝謝狄爾森告訴他「我所見過最不可思議的大好機會。」
但是，結果艾克曼不是買進，而是放空這檔股票。換句話說，他
相信農地美會內爆。

　　我們朝向他在曼哈頓中城的辦公室，大約散步走到第二十個
街口時，艾克曼解釋他認為我沒有看出來的事情，也說明他建立
龐大空頭部位的原因。他認為，這檔股票不但會內爆，還會跌到
0 美元。接著他告訴我，為什麼農地美一點也不像房地美和房利
美。我覺得胃裡一陣翻滾，他看出我還不完全了解，便邀請我到
他的辦公室去。到了那裡，讓我驚異的是，書架上放滿農地美公
司十多年印刷檔案，檔案的封面上都有注解和寫了注釋的貼紙，
他也印出農地美公司許多推動證券化的憑證。

　　乍看之下，這些憑證似乎就像房地美和房利美的債券憑證一

樣。但是，艾克曼解釋說，兩者的差別很大，如果是房地美和房利美的債券，通常如果沒有涵蓋幾千筆類似的獨棟住宅房貸，至少也涵蓋幾百筆這種房貸。如果是農地美的債券，經常只涵蓋少數農地貸款，每筆農地的性質都各有不同特色。艾克曼認為這種東西是無法證券化的資產，實際上反而比較像一般的企業貸款。他認為這些經過包裝的貸款，風險遠比表面上高多了，農地美可能輕易地就會破產。

聽完之後，我試圖反駁：「但是這家公司是政府贊助的企業，幾乎像美國政府的一環一樣啊。」艾克曼回答說：「老蓋，你太信任我們國家的各種機構了。」

隨著午餐的時間接近，我發現自己既想跟他在一起學習更多事情，又想衝回辦公室，把股票賣掉，這兩件事情在大腦內掙扎不已，無法決斷。即使艾克曼的判斷錯誤，但情形顯而易見，我對農地美的了解根本不夠深入，沒有理由持有這檔股票。這一點是重要的啟發，我們太常自顧自地把我們的分析，專注在錯誤的方向，而錯過一些重要的東西，因此，接受「我們有可能會犯錯」的想法很重要。巴菲特跟我們共進慈善午餐時，極為嚴肅地看著我，談到他做過的投資分析，他說：「我從來不曾犯錯。」以他而言，這點可能正確無誤，或是幾乎完全正確。但是避險基金經理人麗莎·雷普安諾（Lisa Rapuano）說的好：「我不是巴菲特，你也不是。」

那天，我賣掉三分之二的農地美持股，隔天，我拋光剩下的

持股。我很幸運，還有獲利。

　　後來我安排我們幾個人，去拜訪農地美的執行長和財務長。我在某一個下雨的秋天下午，跟艾克曼和狄爾森相約在賓州車站碰面，搭乘美國鐵路的阿斯拉快車，前往農地美設在華盛頓的總部。農地美的經營階層準備好面對投資人的簡報，強調農地美跟房地美和房利美表面上的類似特質。艾克曼看了一、兩張幻燈片後，舉起手說：「對不起，我們不需要看完你們的簡報說明，我只有幾個問題要問。」

　　接著艾克曼提出先前他對我說的論點，經營階層不是無法回答，就是不願意回答艾克曼尖銳的問題，而且他們顯然很惱火。執行長在某一刻說：「這家公司可能不適合你們。」我看著他說不出比較動聽的答案，深感震驚。

　　一星期後，我放空這檔股票，這是我一生中只做空三次中的一次。我的個性不適合做空，但是，我心裡知道，經營階層的反應證實了艾克曼的看法正確。後來他告訴我，農地美甚至把他從公司每季的法人說明會中除名。

在放空戰鬥中迷失

　　我開始沉迷在放空股票的整個戰鬥運動中，我自己親自參加這種法人說明會，詢問尖銳的問題，希望強調公司的弱點。我決心向其他投資人，顯示藏在光鮮亮麗外表下的風險。我也跟《紐

約時報》談話，解釋這些問題，而這些話都是正確且重要的論點，投資人有權知道這家公司的風險比他們想像的還高，但是我的態度中，有著一種不能充分反映我的正義懍然（或自以為是）的義憤。

事後回想，我覺得自己好像迷失了方向，行為無疑像個小暴君。作為投資人的目標是為我的股東創造資金的複合成長，而不是挑起不必要的爭執，也不是充當報復性的道德十字軍。我不是要批評想這樣做的其他基金經理人，但是，這並非我生命中的角色。此外，我認為這樣會讓我分心，玷汙我的雙手。

不久之後，我就得到報應。《華爾街日報》刊出一篇報導，暗示幾位避險基金經理人可能結合起來，炒作他們放空的股票，這些股票包括市政公債保險公司（MBIA）、聯合資本公司（Allied Capital）和農地美，當時擔任紐約州總檢察長的艾略特‧史匹哲（Eliot Spitzer）展開調查，美國證券交易委員會（United States Securities and Exchange Commission）也一樣。他們希望知道報導中提到的基金經理人，是否涉及散布跟這些公司有關的不實資訊。

我、艾克曼和著名的避險基金經理人大衛‧艾因霍恩（David Einhorn）皆被捲入調查風波中。調查查不出什麼東西，卻是壓力沉重、代價高昂，且令人分心的事情，因為我必須挖掘很多資訊，配合調查人員的探索性要求。後來到了金融海嘯期間，這三檔股票全都內爆，證明艾克曼的分析完全正確。最後，農地美變成他和我放空獲利驚人的標的。

然而，雖然我從放空這檔股票中獲利，我仍然希望自己當初只是把這檔股票賣掉，從此不予理會。我認為，人生實在太短暫，犯不著浪費時間做這種戰鬥，而且這些投資得利不值得這樣放空帶來的痛苦。雖然聽起來有點怪異，但是我也認為，當我們指責別人或採取暴君般的行動時，經常會帶來不好的業報。從我的經驗來看，專注積極面，以良善力量一樣行動，而不是無緣無故地捲入激烈的爭鬥中，會有較好的因果報應。我不知道史匹哲多年來一直極力試圖打倒別人，而他自己後來聲名掃地，是否也發現相同的真理。

我渴望找到一條比較簡單、對我的心理健康比較好的道路。我在紐約迷失了方向，卻開始了解我不需要華麗的辦公室，我的基金不需要吸引更多的資產，才能向別人（和自己）證明我是大人物，而且我不需要隨著放空股票而焦慮或惡意以對。

換句話說，此刻，我已經充分理解，知道什麼東西對我沒有用，但是我仍然需要找到更好的方法。我根本不知道自己將會認識兩位投資大師，指點我通往正確的方向。

第五章

認識大師的智慧

> 有些企業會成功，是因為做對了一件正確的事情。
> 但是，大多數企業會成功，是因為做對了很多小事。

　　我當投資人的前幾年裡，一心想成為超級巨星，渴望別人承認我的精明才能。我天生是差勁的業務員，但是，我逐漸了解這正是我需要學習的的地方，我開始探討如何更有效地行銷自己，結果卻出乎我的意料。因為，我學到的行銷技巧改變了我的為人，以致於我反而不再關心怎麼推銷自己。

　　我曾在哈佛修過行銷課程，但是在參加紅杉基金股東會時，才開始真正接受這方面的教育。我在會中認識了名叫約翰·李希特（John Lichter）的美國企業家，他同時身兼波克夏和紅杉基金的投資人，他送我一張孟格在哈佛演講的光碟，演講主題是「人類錯誤判斷的二十四種標準原因」。

洞悉卑鄙的大腦

　　我很快就發現，我收到的是從其他地方都拿不到的智慧礦

脈，因此我決心盡量多聽這場演講。這片光碟很快就取代我原有羅賓斯的錄音檔。隨後的一年半裡，孟格的光碟成為我車上娛樂系統中唯一的雷射唱片。孟格的頭腦好到令人難以置信，巴布來曾與孟格相處過，他告訴我，孟格是他所見過最聰明的人——甚至比巴菲特還聰明。此外，孟格對不同的學門極為了解，這場演講濃縮和綜合了他的心理學、經濟學和業務的知識，精采過人已超乎想像，到了讓我深受震撼的程度。

例如，他談到「特別鮮明的證據」會扭曲我們的思考。假設有一位投資人在科技股瘋狂上漲時，看到雅虎公司（Yahoo）的股價飛躍上漲，又聽到美國國家廣播公司商業新聞台（CNBC）的報導，指出人人都從熱門的網際網路投資中發大財，這位投資人的爬蟲類腦[1]對這種特別鮮明的證據，容易產生不理性的反應，使他的大腦更難判斷。此時，對他而言，股價已經不能再反映雅虎公司的真正價值。這種原始的天性深深埋藏在我們每一個人頭腦中，在史前穴居人面對野獸或火災時，的確有幫助，卻極為不適於現代人分析股市細微的差異。

孟格也解釋說，當好幾種形式的錯誤判斷同時發生時，會產生「加乘效應」（lollapalooza effect）。例如，一位投資人看到親朋好友靠著網際網路股發財時，這種情形會提供「社會認同」，證明這種投資是非常好的賭博，因為一萬隻旅鼠一定不可能犯錯。

---

1. 即為腦幹，掌控人體基本維生功能，例如，呼吸、心跳、生存本能……等。

當這位投資人再度接到和藹可親的營業員來電，向他推銷這種股票：營業員的和善，加上我們天生有一種「禮尚往來」的傾向，使這位投資人更難抗拒營業員的銷售攻勢。

不只是市場上新進的業餘投資人如此，連專業投資人都難以抗拒這種扭曲心靈的加乘效應，我們喜歡認為自己可以免疫，但是這種力量極為強大，以致於經常顛覆我們的判斷。而這只是傷害我們的錯誤判斷中的幾個例子，實際上，還有更多經常同時發生的例子。孟格幫助我了解頭腦欺騙我們心智的這些花招，我開始了解我們身邊多的是這種型態。同樣重要的是，孟格的演講特別提到席爾迪尼，席爾迪尼是著名的學者，著有一本《影響力：讓人乖乖聽話的說服術》（*Influence: The Psychology of Persuasion*）的傑作，孟格說，席爾迪尼的書填滿了他「粗糙心理學系統中的很多漏洞」。

每年五月的第一個週末，我會到奧馬哈朝聖，參加波克夏公司的年度股東會。我通常會選擇住在接近活動核心地點的奧馬哈萬豪國際酒店。股東會前一天晚上，孟格會在萬豪國際酒店舉辦一場私人晚宴，我曾在旅館大廳裡逗留，陶醉地看著比爾・蓋茲、羅伯特・席爾迪尼和愛吉・詹恩（Ajit Jain）等投資佳賓走過去。這件事加強了我認為席爾迪尼很重要的觀念，因此，我一再反覆研讀他的大作，刻意再三、再四將他的訊息灌輸到我的腦中。

超級業務員的祕笈

席爾迪尼說的故事中，對我影響最大的，是雪佛蘭汽車（Chevrolet）業務員喬·吉拉德（Joe Girard）非凡的故事。吉拉德固定會寫假日賀卡給過去曾服務的幾千位客戶，卡片上會寫些「我喜歡你」之類的話，然後簽上他的名字。如此表達個人善意產生了令人不敢相信的效果：吉拉德在十五年內，賣出1萬3001輛車，列名金氏世界紀錄大全。就像席爾迪尼所寫的一樣，「我們是極為樂意接受奉承的超級傻瓜，我們通常相信讚美和說出讚美的人。」

這些故事讓我深深入迷，但事情真的這麼簡單嗎？難道只是怎麼利用這種「喜歡」原則的問題而已嗎？如果有個構想讓我產生共鳴，我通常會走向極端，我不會只是隨隨便便考慮一下而已——我會極度擁抱這個構想。因此，我決定每一個工作天要寫三封信，也就是每星期要寫十五封信。我開始感謝發表一場絕佳演講的人、發送股東信件給我的人、提供美食給我的餐廳老闆，邀請我去參加研討會的人；或是我會寄卡片給別人，祝他們生日快樂；有時我會把研究報告、書籍或文章，寄給我認為有興趣的人，我會寄便條給他們，說我多麼開心認識他們。

大約在我看到席爾迪尼大作的時候，我也看到一本書囊括許多雷根總統的信件，他寫信的對象多得驚人，而且他似乎對每一個人都確實感興趣，會跟大家分享玩笑和建議，解決大家的問

題、鼓勵小孩。我覺得這是他能夠成功的原因之一，他不是美國最有頭腦的總統，卻精通關心別人的藝術，而且透過信件表達他的關心。如果這樣做對雷根總統和美國頂尖的汽車業務員有用，我知道這樣對我也會有用。

創造人脈複合成長的機會

起初，我的寫信實驗具有相當深的算計，因為我的目的很清楚，是為了改善我的事業，我對結果如何，有著清楚的期望。但是這樣做開始讓我覺得真的很好，我迷上了因感謝信所激發的正面情緒，在我尋找很多機會感謝別人時，我發現自己真的變成比較感恩，而且我愈表達善意，就愈能感受到感謝之情。對我而言，透過對外伸出觸角、把心思放在他人身上的行動，的確產生了些奇妙的效果。

羅賓斯教過我，我們所作所為的小小差別經過一段很長的時間後，會產生深遠的影響。一年寫幾百封信的小小行為改變了我。實踐之初很不容易，我經常不知該從何下筆，也不知道該寫給誰。因此，最後我寫信給守衛、或那天早上端咖啡給我的人。有時候，我覺得自己很愚蠢，也看不出立即的效果。而我現在的看法是，可能要經過五年之久，才會看出明顯的效果，因此，大部分人在得到好處前，就已經早早放棄了。

當我像潮水一樣發信之際，開始以從未有過的方式向大家敞

開心胸，開始認為身邊的每一個人都有值得我學習的地方。我現在知道，這種寫信的習慣不光是可以促成資金複合成長，還是促成善意和關係複合成長極為有效的方法。愛因斯坦曾說複利是世界第八大奇觀。但是，把複合成長狹隘地應用在財務上，可能是這種奇觀最沒有價值又最無趣的應用。

我開始進行寫信計畫時，是把寫信當成行銷我所操作基金的方法，最後卻讓我得到幾乎不敢想像的豐富生活。我沒有變成優秀的業務員，反而開始關心起我的收信人，開始思考怎麼幫助他們。其中的矛盾是：我變得愈真誠、愈是拋棄我的目的，大家愈有興趣投資我的基金，這是我變得愈不自私、對自己愈誠實的無心之得。

開始推動寫信計畫幾年後，我認識了一位名叫亞倫‧拜德（Aaron Byrd）的華頓商學院畢業生，他是個可愛的小伙子，我立刻喜歡上他這個人，因此我邀請他到我的公司實習。那年夏天快結束時，他告訴我，他要到芝加哥，參加投資專家巴布來所設公司的年度股東會，我從來沒有聽過巴布來的名字，但是拜德說，巴布來的投資報酬率十分驚人，因此，我決定跟他一起去參加這次股東會。

與眾不同的投資好手──巴布來

直到後來，我才知道巴布來的成長背景多采多姿，他的祖父

是著名的巡迴魔術師，父親是企業家，經營事業失敗的次數跟成功的次數不相上下。巴布來生於1964年，在孟買、新德里和杜拜長大，1980年代來到美國時，身無分文。後來他利用7萬美元的信用卡債務和大約3萬美元的401（k）退休儲蓄計畫資金，創立一家資訊科技顧問服務公司——川越科技公司（TransTech）。這家公司的營收成長到2000萬美元，最後他以600萬美元賣掉公司。

　　巴布來像我一樣，從閱讀羅文斯坦寫的傳記，以及研讀波克夏公司年報中「寫給股東的信」，發現巴菲特與價值型投資。他對巴菲特極為心儀，因而在1999年創設自己的價值型投資公司。他操作的基金報酬率極為優異，2013年9月《富比世雜誌》刊出一篇報導，標題是〈巴布來如何從2000年起，以1100%的報酬率打敗大盤〉。

　　早在2003年我到芝加哥參加他的股東會時，就清楚他是個不簡單的特殊人物，因為他的資本每年都以超過30%的速度複合成長。但是同樣讓我吃驚的是，他低調而獨特的事業經營方式。凡是紐約投資圈的人，一定都參加過「募款午餐會」，這種餐會通常都在紐約皮耶泰姬大飯店之類的豪華旅館中舉行，餐會上會有一位經理人或一個經營團隊滔滔不絕，說明你應該購買他們的股票或基金的原因。

　　但巴布來的股東會完全不一樣，不是在市區典雅的旅館裡舉行，而是在一家附有禮堂的卡路奇餐廳裡舉行，會場靠近芝加哥歐海爾機場，交通方便。而且股東會也是在週末召開，來賓穿著

簡便的服裝，有的甚至帶著家人一起來開會。這就是巴布來的特點，他不會刻意迎合大家標準的期望，他不怕與眾不同。但是，我覺得他不同凡俗的決定非常有道理。

他在會上檢討基金的績效，然後舉出一個成功的例子和一個失敗的實例，說明自己的投資方法。到場的來賓大約有一百位，他們不是來聽他推銷，而是來學習。巴布來說的話誠實而直率，不怕別人對他可能會產生什麼看法。

當他討論自己投資前線海運（Frontline Ltd.）成功的案例時，我的印象特別深刻。他解釋他在油輪交易價格低於重置成本時投資的做法，我坐在那裡，拼命地記筆記。我很了解在低於重置價值時購買資產的觀念，但是他所說因為油輪的供應逐漸枯竭，低價本身應該會引發市場轉變的說明，讓我對這種機制得到更深刻的體會。他這樣解釋時，展現了霍華·馬克斯（Howard Marks）後來稱之為「第二層思考」的思維，也就是能夠掌握細微差異的能力，對投資專家來說，這種能力很重要，卻很少見。巴布來對事情的看法與眾不同，但是他推動這種反向保守投資背後的推理，具有絕對的說服力。

對一個單獨的觀察家來說，這場股東會很有趣。例如，我可以看出聽眾中有兩個人，基本上來股東會的目的就是推銷自己。其中一位是基金經理人，他提問的方式為了宣揚自己的績效紀錄。另一位是投資銀行家，他顯然希望來促銷自己的服務。我可以感覺到大部分聽眾的反應是不安的，好的會議總是團隊合作

的產物，但是這兩位仁兄來參加會議的目的是要銷售，而不是學習，因此，留給大家十分失禮的印象。

相形之下，巴布來卻顯現出很有內涵的樣子，這一點不只是事關財富而已，他自在從容地表現自己，樂於跟大家分享他的智慧。後來他展現自己的個性，從加州一棟郊區豪宅中，搬到一棟比較樸實、跟辦公室比較近的房子裡。我認為，這件事再度證明他在衡量自己時，不是以巴菲特所說的「外部計分表」為標準，而且他的內心所展現的是相當龐大的力量來源。

巴布來基金的股東會結束後，我回到紐約的家裡，拿起鋼筆，用我不太清晰的潦草字體，寫了一張短短的便條給他，內容大概是：「巴布來先生鈞鑒，非常感謝你讓我參加你的合夥人會議。我學到很多跟生活和投資有關的東西，也認識了一些非常好的人。蓋伊‧斯皮爾謹上。」

那星期我至少發出十多封信，這張簡函只是其中一封。當我寫信時，心裡毫無牽掛，也沒有期望收到回信，信寄出去後，我就忘了。但是巴布來後來告訴我，我是會後唯一寫信給他的人，而且我的簡函顯然讓他印象深刻。大約半年後，他寄給我一封電子郵件，信中提到他要到康乃狄克州的格林尼治，詢問我是否願意跟他見面，共進晚餐？想都不用想，我當然樂於從命！

改變一生的晚餐──終於中獎了！

　　跟巴布來共餐改變了我的人生道路──改變的程度甚至超越後來我跟巴菲特共餐的影響。如果當初我沒有花時間寫信感謝巴布來，我們第一次共進晚餐後發生的許多好事，可能永遠不會發生。當時我並不了解這一點，但是現在可以看出我寫的每一封信，都是開啟機緣的邀請函。對許多人而言，寫信看來好像浪費時間，但是如果我不買彩券，就不可能中樂透，何況這些彩券幾乎都不用花錢。從某個角度來說，撿起將來有一天可能會很有價值的便宜東西，豈不是正好就是人生中的價值型投資方法嗎？

　　我們在德拉馬格林尼治港口飯店見面，我抱著期盼的感覺，提早半小時到達，我也覺得受寵若驚，因為這位傑出的投資專家向我伸出友誼之手。我在人生的那個階段裡，跟別人見面時，心裡仍然懷著希望會面能夠得到什麼成果的私心。但是那天晚上，我刻意表現出沒有目的的樣子，努力抗拒主導談話、詢問大量問題，以便逆向重建他創造這麼高報酬率方法的誘惑。我只是很感激能有這個機會，能跟他共度一頓晚餐時光。

　　巴布來大概也查覺到這一點，而且這樣有助於決定正確的氣氛。其實，當你心裡懷著目的時，別人會聞得出來，而且通常會引起他們的戒心。雖然我這樣說似乎很奇怪，但是我的確感到自己似乎得到某種神聖的啟發，讓我能夠了解我需要做真正的自己。他的真誠讓我看出虛假或不誠懇的愚妄。

學習以誠相待的處世智慧

在這頓晚餐中，我看到一位舉手投足徹底心安理得、表裡如一的人，這個人不會對任何人，假裝自己是另一種人。我這一生裡，不能表裡如一或不能心安理得的時刻太常見了，但是在巴布來面前，我從一開始所表現的就是真正的自我。表裡不一很危險，不只是在人際關係中是這樣，在事業和投資中也是如此。例如，孟格曾經指出，真誠總是比較輕鬆，因為你不必記住自己的謊話，這樣你的腦子可以擺脫很多不必要的心靈工作，專注在更有用的事情上。

在這次飯局中，巴布來跟我談到一本名叫《心靈能量：藏在身體裡的大智慧》（*Power vs. Force: The Hidden Determinants of Human Behavior*），作者是大衛·霍金斯（David Hawkins）。他在書裡探討的理論是：當我們真正的做自己時，會更有能力影響別人，因為這種真誠會引發別人深遠的心理反應。巴布來似乎具體表現出這種觀念：清楚指出真正的力量掌握在誠實又始終如一的人手中。我們的討論在我心裡種下了一顆種子：我希望將來能夠變成真正真誠如一的人，完成離開布萊爾那個謊言天地後所開始推動的轉型行動。

我很快地就知道，巴布來和我一樣，曾經努力尋找處世的智慧，但是，他已經從不同的方向、運用不同的觀念，達成目的。我從羅賓斯的教誨中，發現模仿成功人士習慣的力量。巴布來提

到這種做法時，形容這樣做是「盜版」，他偶爾會開玩笑說，他一生中從來沒有一個原創的構想，但是他一點也不煩惱。的確如此，這的確經常是進步發揮作用的方式：我們拷貝別人最好的理念，再把這些理念變成自己的。

成功法則：模仿、改進、超越

巴布來了解這一點也適用在事業上。企業可以靠著研究競爭對手，找出他們做的很好的地方，然後重新創造出來，因而賺到可觀的利潤。他舉同一條路上兩側的兩座加油站為例，其中一座加油站的老闆很精明，以自助加油的優惠價格，提供全套的服務，包括清洗擋風玻璃、免費檢查三油一水的水準。換句話說，這位老闆繼續採取一些能夠改善業務的小小做法，創造良性循環。馬路對面的加油站沒有這樣做，因此業務一直好不起來。但是，就像巴布來說的一樣，生意不好的那家加油站老闆要模仿生意興隆加油站老闆的所有做法，應該很容易。這點表示，我們可以看到很多最好的構想，然後只要模仿照做就好了。

這也是巴布來和我在投資生涯中必須學習的事情，我們看到巴菲特的做法，刻意努力模仿他，但是巴布來模仿的比我好多了，因為他會不眠不休地注意細節。例如，細心地複製巴菲特最初的投資合夥結構、公司當時的費用結構和股東贖回條件。但我卻花了十多年時間，才了解我早該在自己的基金開業時就這樣做。

那一日的飯局，我與巴布來一同感嘆很多傻瓜不會模仿早已存在的絕佳構想。但是幾年後，我才慚愧地了解，我就像馬路對面的加油站老闆，巴布來則是那位成功的加油站老闆。後面我們會再討論這件事，最後我終於學聰明了，終於開始跟他學習。

我跟巴布來的第二次見面對我的人生影響更大。我不知道他是否像我一樣，那麼喜歡我們之間的晚餐聚會，因此，幾個月後，我很高興看到他再次寄來電子郵件，要求我在紐約一起共進早餐。因為他要到紐約來，在價值型投資聯合會（Value Investing Congress）的會議上發表演說。我希望能夠確保這是個讓人難以忘懷的聚會，因為我憑著直覺判斷這次會面對我的人生很重要。因此我挑選了紐約文華東方大飯店的餐廳，那裡居高臨下，可以盡情流覽中央公園的壯麗美景，來回巴布來的會議地點也很方便。在早餐之約的前一天，我甚至親自前往這家餐廳，確認我們會有個好桌位，而且帳單一定要交給我，而不是我的客人。

這樣聽起來可能太過頭了，卻顯示我向巴布來學到的事情：有些企業會成功，是因為做對了一件正確的事情，但是，大多數企業會成功，是因為做對了很多小事。沃爾瑪百貨（Wal-Mart）之類的公司會這麼成功，道理就在這裡。我的現實世界教育中有一個重點——學習採取愈來愈多明智卻務實的微小行動。包括撰寫感謝函、挑選良好的早餐會地點、主動聽別人告訴你的話、己所欲施於人等等。在人的整個一生中，無數像這樣的簡單行動累積起來，可能在名譽和關係上，創造重大的優勢。這種事跟運氣

無關，而是關乎加倍努力，把這些事情做好，以便好事更容易發生。

蘊釀與巴菲特共進午餐

這場早餐會太美妙了！我起初很敬畏巴布來，然而，我的報酬率還不錯，也具有相當的智慧，但是他的報酬率卻十分驚人，而且他的頭腦極為特別，以致於我都覺得自己相形見絀。此外，我們的認知型態也不同，我可能會對事情分神，任由腦海裡的心思到處流竄，但他卻能徹底專注地投入。但是我們也有很多共同的地方，包括內心深處覺得我們兩個都是這片土地的外來者。我出身德國猶太難民家庭，家人在以色列和英國創造過若干成就，巴布來是在美國創造重大成就的印度移民。無論如何，我都覺得在情感和理智方面，我跟他的關係變得愈來愈親近，只是我很清楚，自己沒有什麼東西可以教他。

當我們坐在文華東方大飯店的窗戶旁邊，俯瞰中央公園和曼哈頓的天際線時，巴布來提出一個我從來沒有想過的構想，他在考慮我們兩人是否應該聯手，競標每年在電子灣網站上拍賣的那頓跟巴菲特共進的慈善午餐。起初我認為，為一頓飯花費幾十萬美元實在太瘋狂，即使是跟已經改變我一生的投資大師吃飯，也是如此。我試著客氣地說：「這頓午餐的價錢似乎太高了，為什麼有人願意這樣做？」

　　這是一般人的凡俗之見，但是巴布來耐心地用他過人的分析，引導我了解競標這頓午餐的意義非同小可。他指出，這些錢會捐給非常值得捐助的格萊德基金會（GLIDE Foundation），同時附贈跟巴菲特共進午餐的附加好處。據他的了解，極多慈善捐贈只是換得一塊毫無意義、刻了捐贈者名字，意在彰顯捐贈者名聲，或是提高捐贈者自尊的銘牌。但若是與巴菲特共進午餐的話，這筆捐款將帶來無窮無盡更有價值的東西：就是認識更為開明，懂得教導大家怎麼當資本家的這位傑出典範。

　　巴布來也協助我看出我們不需要從這頓午餐中，尋求任何有形的東西，這頓午餐反而是我們享受有巴菲特作陪、感謝他教導我們一切道理的機會。在我們的早餐會結束之時，我已經徹徹底底地認同巴布來的話。

　　就這樣，我們同意聯合起來共同競標跟巴菲特共進午餐的機會。第一年，我們輸給一位出價比較高的競標者，但是隔年巴布來決心再度競標。當時我在歐洲旅行，他打我的行動電話，告訴我說：「蓋哥，這次我們一定要贏得競標。」

　　如果我們得標，巴布來的計畫是帶他太太和女兒一起去，我卻只有太太一個人陪同，因為我們的孩子還太小，不能一起參加。因為參加午餐會的巴布來家人比我的家人多，巴布來好心建議，不管得標價格多少，他都要出三分之二的錢，我負責出三分之一。

　　即使是這樣，我還是擔心競標可能失控，畢竟我還只是個經

營一檔小型基金的年輕投資經理，而且內人羅莉和我正期待著第三個孩子出生，因此我們可能需要搬到曼哈頓其他比較大的房子裡去。我告訴巴布來，我可以出到25萬美元，但是，我也表明自己不應該超過這條底線，如果標價像他預期的一樣超過75萬美元，我很可能必須考慮退出。巴布來思考了一會兒，然後向我保證，如果真的發生這種事，他會負責多出來的部分，這樣我要出的錢最多還是25萬美元。他的慷慨讓我目瞪口呆。

　　我們甚至沒有握手，就說好了這件事，更別說擬定書面文件了。我發現這種層次的信任令人十分感動，也讓我想起巴菲特本人的行事風格，想起他經常在幾乎沒有書面文件的情況下，達成多次金融協議。除了家父，在事業上沒有人這樣對待我過。

　　最後，我們在第二次嘗試時，贏得了拍賣，標定的價格是65萬100美元。我極為興奮，而且急於不希望讓巴布來認為我可能讓他失望。因此，隔天早上就把我的三分之一價款，匯去格萊德基金會。一直到錢已經匯入基金會，確認一切已成定局，我才打電話給巴布來，告訴他我多麼高興。

　　我們的午餐會訂在2008年6月25日，這樣讓我有幾個月的時間可以準備——我希望時間正好足夠確定自己值得跟至上大師認識。畢竟，如果你要去見比你高明的人，你最好還是先自我提升吧。

第六章

跟巴菲特共進午餐

真正的成功之道是走上真誠之路。

到目前為止的好多年裡，我不斷向巴菲特的軌道漸漸靠攏。1990年代末期，科技股飛躍上漲，波克夏公司卻落居人後，很多人受到誤導，開始議論巴菲特是否「已經喪失魔法」。懷疑論者納悶群眾已在股價比營收高出不知多少倍的科技股上，賺到驚人的利潤，為什麼巴菲特還在堅持看似已經過時的投資風格，緊抱沒有魅力──獲利能力卻很高的公司。

不合時宜的波克夏股價在這股熱潮中，跌到我認為不合理的低價，因此我大舉吸進，把我的基金超過20%的資金投資在這家公司裡。後來這檔股票上漲4倍以上，很多一度炙手可熱的科技股寵兒卻走上滅絕之路。波克夏一直是我的重大投資，為我的基金提供重要的支撐，在未來的很多年裡，仍然能夠產生很高的報酬率。

同時，我一直努力模仿巴菲特的思考和投資方式，持續研讀跟他有關的素材，研究他買進的股票，全力複製他得以如此出人

頭地的一切事情。直到我們共進慈善午餐時，我大概已經到奧馬哈參加他的股東會不下十幾次。

當個百分百的黃色波克人

早年我去奧馬哈時，仍然深陷在前面所說的紐約旋渦中，因此，我通常和從紐約來的其他金融業鉅子一樣，住在奧馬哈萬豪國際酒店。後來這種情形逐漸改變，我不再跟紐約來客混在一起，開始效仿名叫黃色波克人（Yellow BRKers）的巴菲特粉絲俱樂部成員，住在雙樹旅館。這些粉絲在網頁上，貼了下面這些警告文字：「黃色波克人的聚會是波克夏股東的聚會，具有百分之百非正式、非官方的性質，無意充當任何產品或服務的促銷論壇。」

這些人的穿著不會像成功人士一樣，也絲毫沒有興趣要在波克夏的股東會上做生意，他們是要來學習、歌頌友誼、暢飲智慧之泉。他們主要是一群把錢投資在波克夏股票上的業餘人士，很多人已經抱著這檔股票幾十年，他們的精力不同於我在紐約的同行，紐約來客都是專業投資人和希望建立關係的人，經常穿著標準的卡其褲和藍色西裝外套。

透過巴布來的介紹，我也認識了不少印度裔的巴菲特粉絲，其中有些人還是千里迢迢專門前來奧馬哈。我喜歡跟這些非專業人士在一起，他們對推動交易或忙於工作沒有興趣，不會太認真地看待自己，因此，我們變成了打打鬧鬧、喜歡玩樂的一幫人。

而我慢慢發現這個低調團體的價值觀和精神似乎比較健康、樸實。

我沒有展現過去那套優越的牛津—哈佛—紐約模式，而是像巴菲特的其他粉絲和弟子一樣，放鬆地加入笑鬧玩樂行列。股東會當天，為了避開人潮，我不再像過去一樣等到八點才慢慢地走進會場，而是五點半就起床，加入在會議中心南門排隊的忠貞粉絲隊伍。

因此，我像巴布來一樣坐在會場的前面，可以清清楚楚地看到巴菲特和孟格。和後排相比，前排是相對比較好的學習地點，以前我坐在後排時，有點像是被動的觀眾，甚至比較像是帶有批判精神的觀察家。後來我逐漸體會到，如果你要做什麼事情，最好下定決心並全力以赴。其他認真的投資人 —— 包括瓦特沙（Prem Watsa）、李祿（Li Lu）、馬里歐・嘉百利（Mario Gabelli）—— 都得到相同的明確結論，因為我發現他們也都坐在前排，重點又是這種小動作會在邊際上，造成重大的差異。

除了巴菲特從奧馬哈會議中心男廁所走出來那次，我和巴菲特有過極為短暫的對話之外，我從未與他有過任何個人互動。這麼多年來，我只是遠遠地觀察、研究有關他的一切，但是我的寫信計畫促使我認識巴布來，然後促成我們標下這頓慈善午餐之後，現在又促使我進入一個全新的可能性天地。突然間，我就要去跟我的英雄見面、一起共進午餐了！

這件事似乎很不真實，我才剛剛開始進行自我調整，希望能夠跟宇宙共存共榮，何況我甚至沒做過那麼多正確的事情。但

是，你開始改變內心時，周遭的世界會有所反應。我希望這種想法能夠引發共鳴，因為這一點很重要——可能比我跟巴菲特共進午餐還重要。我希望你可以從我的經驗中看出，當你的意識或心態變化時，非凡的事情會開始出現，這種變化是終極的企業工具或人生利器。

拜見大師前的前置作業 1 ——改變海藍寶基金的費用結構

跟我在布萊爾公司服務時相比，這麼多年來，我已經改變了很多，但是在我的避險基金事業模式中，仍然有些地方跟我並不協調一致。隨著跟巴菲特共進午餐的時間接近，我對這一點感到愈來愈不安。我內心有點害怕當巴菲特看到我時，只是把我當成另一位貪婪的紐約套利客，藉著收取1％的年度管理費和20％的獲利壓榨投資人，因而對我退避三舍。

巴布來不收年度管理費，除非他的股東得到優異的報酬後，他才能夠得到金錢的報酬。至於巴菲特，他經營波克夏公司的年薪只有10萬美元——從他替股東賺到的幾百億美元利潤來看，這種年薪幾乎低得可笑。因此，我去參加這場午餐會時，會變成其中收取最高費用且採用最自私費用結構的人，但我管理的資金最少，所創造的投資報酬率也是三個人當中最低的一位。我光是寫下這些事情就覺得很難過，但是這些都是事實。

我可以設法替自己開脫，指出很多避險基金經理人更收取

2%的年度管理費，但是提出他們的費用結構甚至比我還惡劣的事實，絲毫不能讓我覺得安慰。我不是最可惡的人，但是我希望自己是站在正確的一邊。巴菲特不知道他對我有這樣的影響，但是他用自己的費用結構，立下如此偉大的典範，促使我希望更公平地對待我的股東，而這僅是想認識他的眾多期望之一個原因。

華爾街上流傳一個笑話，說避險基金其實只是一種尋找投資人來剝削的費用結構。我不希望成為這種體系中的一環，卻容許這種事情發生，但當顧問告訴我這是標準作業程序時，我在顧問的壓力下，太過輕易的屈服。現在面對要跟巴菲特比較的情況下，我不能忍受自己以在場唯一收取年度管理費的經理人身分，出現在這場午餐會上。

因此，我仿效巴菲特原始合夥人組織的費用結構，為自己的基金發行一種新級別的股票。如果現有的股東願意，可以維持舊有的安排，但是他們在新股票級別上，現在也有比較好的長期選擇，他們不必再繳納年度管理費，除非股東賺到6%的投資報酬率，否則的話，我也沒有資格獲得績效獎金；超過這種水準後，我可以得到獲利的四分之一。也就是只有在我的股東賺到優異報酬後，我才能夠得到豐厚的酬勞。早在十年前我就應該這樣做，早該從第一天開始，就走在正確的道路上。

聰明的投資人自然了解新的費用結構有道理的原因，因此，這種改變將來應該有助於為這檔基金吸引正確的長期夥伴，我不必向其他不了解我真正經營目標的人努力銷售。

早期我當基金經理人時,精明的行銷人員希望幫助我,把基金銷售給更多的投資人,以便基金規模更大幅成長,賺到更高的利潤。其實這種做法根本行不通,而且我追求成功的方法是緣木求魚。最後,最有效的方法是反躬自省,從內心開始改變,把股東的利益擺在我的前面。就像在極多領域中見到的情形一樣,我花了好多年時間,才終於學會巴菲特已經明瞭的事情。

拜見大師前的前置作業2——參訪格萊德基金會

在我們的午餐會前,我也希望拜訪巴菲特選擇支持的格萊德基金會,我很好奇為什麼他會捐獻時間給這家慈善機構。就像我逐漸了解的一樣,如果你遇到一位具有卓越品格的人,值得你花時間和精力去探索,以便進入他們的力場。格萊德基金會在巴菲特的力場中,我希望知道箇中原因。

因此,我飛到舊金山,希望對這家傑出慈善團體增加了解,他們的使命是創造「徹底包容、公正、有愛心的社區」。格萊德基金會採取的行動包括在貧困的舊金山田德隆區經營一所教會,提供保健服務,以及每年發放八十萬份餐食給窮人。巴菲特是透過極為慷慨的已故妻子蘇珊,認識格萊德基金會,然後藉著在電子灣網站拍賣自己的年度慈善午餐會,開始支持這家慈善事業。2004年蘇珊去世後,他仍然繼續這樣做。

格萊德基金會的創辦人塞西爾·威廉斯(Cecil Williams)牧

師滿面笑容，在基金會總部前面接待我。他是代表窮人和邊緣人的牧師與社會運動家，他和巴菲特相同，全心全意投入他喜愛的事。後來我跟他在基金會的食物救濟站共進中餐，親眼看到他怎麼跟大家打成一片，也看到大家多麼喜歡他。不用多久，就明白了這的確是個很了不起的組織，真心關懷和人道對待已經放棄自己的人。如同巴菲特所言，格萊德基金會承認每個人「不論環境如何，都有潛力，結合愛、時間、精力和資源，成為不同的人，是已經得到驗證的過程。」

我開始了解威廉斯牧師是典型的巴菲特式經理人，與經營巴菲特旗下企業的執行長沒有差別，都是真實之至的人。沒有虛偽的外表，把心意和精力傾注在想要幫忙的人身上，而且他顯然熱愛自己的工作。那天我替格萊德基金會錄了一些影像，提到巴菲特不只是「非常善於挑選企業」，也很精於找出「非常特別的慈善機構」。

或許更重要的是，拜訪格萊德基金會後，我更了解巴菲特多關心如何利用自己的力量行善。他的典範鼓勵我注意身外的事情，看看有什麼人可以幫忙──而且我愈實踐這樣的行善理念，生活變得愈快樂。

兌換大獎的時刻終於來了！

根據拍賣的規則，巴布來和我贏得了七個人──加上巴菲

特，在曼哈頓的史密斯華倫斯基牛排館，共進「威力午餐」的資格。我們的午餐應該會包括巴布來、他夫人哈里娜（Harina）、女兒夢松（Monsoon）和夢美琪（Momachi），加上我與內人羅莉。換句話說，我們這邊只有六個人，也就是實際上還會多一個空位。很多親友想找我買下最後這個席位，倫敦一位基金經理人出價10萬美元，希望跟我們一起共餐。一位傲慢的私募基金公司業者建議我們，把這個席位送給卡梅倫，而且不邀請我們的家人。

當羅莉聽說競標這回事時，她無私地建議放棄自己的席位，好讓我們把席位讓給更珍視這種機會的人。但是，這次餐會不是生意交易，她的席位是非賣品。然而，我覺得有必要把10萬美元的出價告訴巴布來。他得知後，堅持這是家庭聚會和感謝巴菲特的機會，其中沒有不可告人的目的，若是把席位拍賣掉或是讓家人以外的人參加，很快就會摧毀原本的精神。

終於，與巴菲特約定的午餐日來臨了。那天是6月底，天清氣朗。我與羅莉從公寓住處，搭計程車前往位在四十九街和第三大道交叉口的餐廳。我們大約提早一個小時，因為我想好好體會難得的時刻，更不希望在這麼重要的場合遲到。國家廣播公司商業新聞台和其他電視台的攝影機已經在餐廳外面架好，我們徵得巴菲特的同意，也聘請我們的婚禮攝影師，一同記錄這個時刻。

我極為緊張，以致於身體衰弱，還得了感冒。我知道巴菲特善於相人的性格，因而忐忑擔心暴露自己。如果他看透我身上殘留的那股戈登‧蓋柯本性，我該怎麼辦？但是我也極為興奮，單

從自己跟巴布來一起吃飯的經驗中得知，光是與自己尊敬的人在一起，就會有極為重大的影響，因此，得以有機會近身看到巴菲特，觀察他的一言一行，讓我興奮莫名。這場午餐將會是終極的資本主義大師班。

中午12點半左右，我們七個人在靠近廚房、用木板隔著的舒服包廂裡吃中飯。由於這個包廂是半隔離的空間，當其他食客看進隔間，見到巴菲特時的低沉議論聲會陣陣傳來。巴菲特穿著企業界的制式西裝及白襯衫，打著有黑色圖案的亮黃色領帶。巴布來的女兒坐在他的兩旁，我坐在他右邊隔兩張的椅子上，被夢美琪和羅莉夾著，巴布來和哈里娜坐在巴菲特的左邊。

能夠讓我們的妻子和巴布來的小孩加入跟巴菲特的午餐真好，因為這樣會使餐會變成氣氛輕鬆又歡樂的家庭聚會，而不是相對正式的企業聚餐。巴菲特帶著送給兩位小女孩的禮物，臉上堆著愉快而親切的笑容，像是和藹可親的老祖父，而不像世界首富之一和有史以來最偉大的投資大師。

他就像我在波克夏公司股東會上看到的一樣，毫不虛偽，亦不守舊，還熱情友善的要我們直呼他的名字華倫，也用他自己的方式，讓我們所有的人感覺安然自在。他問兩個小女孩幾歲了，然後回答說：「你十二歲、你十一歲，我七十七歲。」然後，他在菜單送上來時，跟兩個小女孩開玩笑說，他五歲前，不吃他不願意碰的東西。後來，他果然點了一客五分熟的牛排、馬鈴薯煎餅和櫻桃可樂──因為波克夏是可口可樂公司最大的股東，點櫻

桃可樂確實很適當。我不想在菜單上多傷腦筋,就跟隨著他的做法,點了牛排、馬鈴薯煎餅和健怡可樂。

進餐前,巴菲特顯然忙於了解我們。他問羅莉跟她的出生地北卡羅萊納州索爾茲伯里有關的事情,說他跟念哥倫比亞大學時的一位朋友,曾經在那裡住過一陣子。他也刻意談到,當他看到巴布來所設在印度推動兒童教育的達克尚納(Dakshana)慈善基金會的年報時,印象有多麼深刻,他還說他已經把年報發送給孟格和蓋茲時,那番討論讓巴布來說不出話來。的確如此,巴菲特對福斯新聞台(Fox News)談到我們的午餐會時,還特別提到巴布來成立的慈善機構時,說:「他對慈善的想法,跟他對投資的想法一樣……這個人對自己長久以來賺到的錢該怎麼用,想了很多,我認為,他想這些錢拿來真正造福成千上萬人……我非常欣賞他。」

第一課——善用自己的財富

巴菲特顯然對自己的錢該如何運用,也做了一番思考。他跟我們談及,他考慮替他的三個孩子各設一個慈善基金會,他還補充說,等著把錢回饋給社會「通常不是好主意」,最好趕快行動,現在就做,而不是讓錢複合成長,以便將來回饋更大筆的錢。我開玩笑說,實際上,他是這張餐桌上最不富有的人,因為他已經承諾要把自己大部分的波克夏公司股票,捐給蓋茲夫婦基金

會（Bill and Melinda Gates Foundation）。因此，他現在幾乎跟格萊德基金會的威廉斯一樣，做的是幾乎沒有報酬的工作。他開懷大笑著說「絕對正確」。他似乎很高興我能了解他多麼不在乎增加個人的財富，而是更重視善用自己的財富幫助別人。

我們感謝巴菲特讓這頓午餐成為事實時，他說他很興奮能夠這樣做。因為這樣讓他得到很好的機會，感謝威廉斯牧師和他已經過世的太太蘇珊。巴菲特說在他十八歲就知道蘇珊是他想娶的人，要是沒有她，也不會有今天的巴菲特。每當談到她的和善時，他的話中充滿溫柔的讚賞，回憶她如何帶著患了愛滋病絕症的病人回家，讓他們睡她自己的臥房，希望減輕他們臨終日子裡的痛苦。他告訴巴布來的女兒，選擇與對的人結婚，將是她們一生中最重大的決定。

在那三小時裡，我們暢談甚歡，天南地北地無所不談。例如，哈里娜和巴布來詢問巴菲特跟牛頓有關的事情，因為巴菲特說過，牛頓是他最希望一起共進午餐的歷史人物。他對我們解釋說，牛頓「很可能是人類歷史中最聰明的人」，但他又接著開玩笑道，這件事他想了一想，實際上他最想跟蘇菲亞・羅蘭[1]共進午餐。他說，孟格最想跟富蘭克林吃飯，因為「牛頓聰明，但是富蘭克林更為睿智。」

某一刻裡，巴菲特提及他曾和蓋茲一起去中國訪問的事情，

1. 蘇菲亞・羅蘭（Sophia Loren），義大利著名女演員，奧斯卡最佳女主角和終身成就獎得主。

115

他們在長江上遊覽時，談到船靠岸時，有人會「拉著船靠岸」。巴菲特記得自己告訴蓋茲，不管這位拉船纜的人多精明，都永遠不會有機會再做別的事情。巴菲特說，在他自己的人生中，誕生在美國以外的地方都會是重大劣勢，因為他可能不會研讀葛拉漢的《智慧型股票投資人》，因為當時這本傑作只有英文版。他說葛拉漢的《證券分析》（Security Analysis）一直是他的「聖杯」，還補充說，當他發現葛拉漢在哥倫比亞大學教書時，大為驚訝，為了引起葛拉漢的注意，他寫了一封信給他，說：「我以為你已經去世了。」

第二課——用內部計分表衡量自己

我在談話之初，就對巴菲特告解，告訴他關於我是如何改變我的費用結構，以免他認為我只是另一個貪得無饜、收取2加20%的避險基金徒眾。我也提到，要說服我所管理基金的律師相信這種非正統做法對我的股東比較公平，是多麼困難的任務。我永遠忘不了巴菲特的回答：「凡事只要是超脫凡俗，別人總是會阻止你做正確的事情。」我問他，久而久之，做正確的事情會不會變得比較容易，他考慮了一下，然後回答：「會容易一點。」

接著他解釋堅持內心深知正確的價值觀，不受同儕壓力之類的外在力量影響有多麼重要。他說：「根據內部的計分表，而不是依據外部的計分表過日子，總是非常重要。」為了說明這一點，

他接著問我們：「你們希望別人認為你是世界上最好的愛人，你內心卻知道自己是最糟糕的愛人——還是希望別人認為你是最糟糕的愛人，你內心卻清楚自己是世界上最好的愛人呢？」

我記得自己當時在想，「對，這樣很正確。」但是，才過一會兒，我就感受到這個建議的力量，我開始了解我一生裡，浪費了多少時間，用外部的計分表衡量自己。我總是極為渴望大家喜歡我、尊敬我——在牛津和哈佛贏得教授的稱讚；在布萊爾公司裡，被大家認為是成功的投資銀行家和經紀人；還希望被人當成頂尖的基金經理人一樣崇拜。這種「需要」不可避免的引導我誤入歧途，我真正需要的是，用內部計分表衡量自己。首先，這樣應該可以讓我在一了解布萊爾公司多麼有害後，立刻逃之夭夭，設法活命。

你很難誇大巴菲特種種智慧的重要性，畢竟，如果房貸經紀人、銀行家和其他人都能遵守內部的計分表，那麼引發2008到2009年金融海嘯的眾多自私的過度行為，以及在道德上的退讓，不知道應該可以避免掉多少？就像巴菲特協助我了解的一樣，大家太常用「別人也都這樣做」的說法，安慰自己以合理化自己的不當或錯誤行為。

巴菲特最明確的特性之一是：極為清楚的根據自己的內部計分表過活。他不只是做對的事情，也做他認為對的事情。如同我在午餐會中觀察到的一樣，他完全沒有虛假或勉強的地方，他認為沒有理由降低自己的標準，或違背自己的信念。的確，他曾經

告訴波克夏的股東，說他可以做很多事情，使公司更強大、更賺錢，但是他不準備這樣做。例如，他抗拒裁員，或出售手中較低價股票，換取更賺錢的資產。同樣的，有些投資人抱怨，如果波克夏公司能效仿其他很多保險公司，把稅籍地搬到百慕達，那麼波克夏公司的獲利應該可以更多。但是，即使這樣做合法，而且可以省下數百億美元的稅賦，巴菲特還是不希望把自己的公司設在百慕達。

這是我們午餐聚會中最重大的教訓。巴菲特的一部分力量來自清楚自己到底是誰、希望怎麼過日子這種極為堅定的意識，其中沒有欺騙，也不需要根據別人的標準或意見過活。跟他一起坐在史密斯華倫斯基餐廳時，我可以看出，即使是在毫無意義的小事，例如愉快享用餐廳的甜點，他對自己的幸福絕對不打折扣。他顯然已經把人生設定好，讓生活適合他，以便他可以享受生活。我問他是否刻意創造波克夏與眾不同的分權結構時，他強調波克夏會這樣運作，是因為這樣做適合他的個性，而不是因為這樣可以創造最多利潤。

身為投資人，他總是對自己真誠不欺。因此在科技股泡沫讓極多人樂不可支的時候，他仍然堅持恪守自己的原則，即使這樣表示他在市場內爆前，績效嚴重落後大盤，他仍然不為所動。

同樣的，巴菲特要抗拒利用融資投資也不難，這樣做可以讓他變得更富有，卻也可能害他陷入困境。的確是這樣，當巴布來問巴菲特，他在〈葛拉漢與陶德的超級投資人〉一文中提到的朋

友利克・桂林（Rick Guerin）下落如何時，導出了我們的午餐聚
會中的一個重要教訓。有一陣子裡，桂林的投資紀錄十分驚人，
但是巴菲特告訴我們，桂林「急於致富」，利用融資提高自己的報
酬率，以致於1973至1974年股市崩盤時，桂林遭到沉重打擊，被
迫賣掉各種持股，包括丟出幾千、幾萬股的波克夏，否則現在這
些波克夏股票應該是一筆龐大的財富。

　　巴菲特認為，這位天才投資人的苦難為借錢的危險和耐心
的美德，提供了直白而有力的教訓。巴菲特告訴我們，「孟格和
我總是知道我們會變得非常富有，但是我們不急。畢竟，如果你
有耐心，就算你只是略微高明一點，即使他們花費比你賺的錢還
少，你的一生也一定會變成非常富有。」

第三課──創造正確的投資程序和環境

　　對巴菲特很有幫助的是，他創造平和的環境，使他可以冷靜
而理性地操作。他留在奧馬哈，遠離瘋狂的群眾。他的傳奇性個
人助理黛比・波沙尼克（Debbie Bosanek）為他服務超過三十年，
也替他擋掉很多不必要的干擾。她曾經告訴巴布來和我，巴菲特
經常關掉手機，甚至沒有電子郵件帳號。他擁有適當過濾的系統
顯然可以幫助他，防止錯誤的訊息進來。

　　事實上，巴菲特雖然極有魅力又平易近人，卻會毫不遲疑地
擺脫現實世界，以避免任何可能影響他判斷的分心事件。他告訴

我們，許多人經常設法說服他跟他們見面，以便向他推銷投資，但是不管他們怎麼恭維他，當他說「不」時，經常都遠比說「好」時安心多了。他也和我們分享，他通常避免跟企業的經營階層見面，寧可依賴他們的財務報表。

同樣的，巴菲特決定生活裡不要有太多讓人分心的會議。我們進餐時，他大方秀出他個人大致空白的約會日程，還說他自己安排每日的行程表。相形之下，蓋茲的日曆上卻滿滿的都是「6點47分沖澡」、「6點57分刮鬍子」之類的精確紀錄。這不是哪一種系統比較好或比較不好的問題，而是巴菲特選擇了一種極為適合自己的系統，讓他綽有餘裕，足以安心地思考，不受主導華爾街的雜音影響。就像巴菲特教我的一樣，單純依靠自己的才智，過濾這些雜音還不夠，你需要正確的程序和環境，才能這樣做。因此，我們共進午餐才過了半年後，我就決定搬到蘇黎世，因為我知道如果能遠離紐約的旋渦，我會比較容易保持頭腦清醒。

謝天謝地，這是其他投資人可以跟著巴菲特照做的地方，就是我們可以模仿他所創造擺脫雜音的環境和程序。我覺得這樣不但表示要搬離華爾街，而且還要阻絕其他型態的雜音，以免搞混我的思考。下定決心後，我完全不理會市場的預測，而是集中精神注意投資長期有潛力會大幅成長的企業上。我們跟巴菲特共進午餐時，我高興承認自己努力學習和模仿巴菲特的程度，還分享猶太法典《塔木德》（Talmud）中有關兩個學生的故事，這兩個學生極為熱衷向猶太祭司學習，夜裡甚至鑽進祭司的床底下，好觀

察祭司。巴菲特開玩笑說，從今以後，他會檢查自己的床底，看看我是不是躲在底下。

第四課——做真誠的自己

但是，巴菲特至少有一個地方是完全無法模仿的，就是他的腦力。我們共進午餐時，我覺得他的頭腦大約同時在五個不同的層次中運作。據替他作傳的作家艾莉絲·舒德（Alice Schroeder）後來描述，跟他在一起時有著類似的感覺。這件事很難解釋，但是，那天我跟巴菲特坐在同一張桌子上時，感覺到他腦力純粹的強度，我就是知道他的執行速度遠比我快多了。因為我在牛津的同學中脫穎而出，過去我多多少少曾經說服過自己，自己的腦力足以跟巴菲特競爭，而且我希望有一天，或許我可以學到跟他表現的一樣好。但那天親眼見到他後，心中再也沒有半點疑問，知道自己永遠沒有希望趕上他。

這個發現可能讓人灰心氣餒，但是，我發現這種感覺有一種怪異的解脫之感。對我而言，教訓很清楚，就是我不應該努力跟巴菲特競爭，應該把注意力集中在真正的機會，也就是專注想著如何變成最好的自我。這點讓我想到巴菲特喜歡說的一個老笑話：「你要怎麼擊敗鮑比·費雪（Bobby Fischer）？」答案是：「跟他玩西洋棋以外的東西。」

我在巴菲特擅長的遊戲中，不可能打敗他，卻的確可以遵循

他的典範。那天他讓我印象最深刻的地方不光是他強大的腦力，而是他過著跟天性完全一致的生活方式，沒有任何不協調一致的地方，他顯然花了一輩子的時間，努力做真誠的自己。

　　這一點變成我自己的目標：不是變成巴菲特，而是變成更像真正自我的自己。就像他教我的一樣，真正的成功之道是走上真誠之路。

第七章

金融海嘯，墜入虛無

只有在退潮時，
你才會發現誰在裸泳。

　　價值型投資人引以為傲的是能夠在市場內爆時買進。我們喜歡認為自己擁有冷靜、勇氣和力量，並且心智澄澈、洞悉一切，在所有其他人幾乎都陷入恐慌之際，敢於採取理智的行動。但在市場崩盤、街上血跡斑斑時，真正發生的狀況到底是什麼樣子？我會在2008到2009年金融世界墜入虛空，拉著我和我的基金一起下墜時，親自發現實際狀況。就像巴菲特所說，如果你不怕，那就是你根本沒有注意。天哪，我真是害怕極了。

我們的每一個毛細孔都在流血

　　崩盤的經驗極為痛苦，痛苦的程度到了連我現在都難以完全誠實、直率紀錄的地步。這種情形不是刻意的決定，毫無疑問的，我一定是壓抑了一些當時的回憶，因為這種回憶幾近刻骨銘心，難以面對。幫我寫這本書的朋友兼股東威廉・葛林（William

Green）最近提醒我，當時我們通過電話，我在電話中半開玩笑的告訴他，「我們的每一個毛細孔都在流血。」但我完全不記得這件事。然而，當時的確有一些即使我希望忘記，卻讓我永難忘懷的時刻。

最糟糕的時刻是2008年3月28日早上《金融時報》（*Financial Times*）送來的時候。那時，我正吃著早餐，突然看到頭版上刊載的消息是貝爾斯登公司（Bear Stearns）瀕臨周轉不靈、搖搖欲墜。我的基金是貝爾斯登的經紀客戶，貝爾斯登在很多個帳戶中持有我們的所有資產。我記得因為我極為失神，完全沒有理會家人，導致內人對我大發雷霆。我轉頭對她說：「你還不知道嗎？海藍寶基金所有的錢都存在貝爾斯登，可能明天就會全部人間蒸發。」

那個週末的大部分時間，我都留在辦公室裡，研究下星期一有什麼專家能夠告訴我，如果貝爾斯登破產，對我的基金會有什麼影響。我必須知道海藍寶的基金帳戶會碰到什麼結果，是否可能被多年凍結，看著破產管理人在貝爾斯登公司的瓦礫堆中仔細檢查。

身為「討厭風險」的保守投資人，我刻意把我們的所有證券，都放在完全由海藍寶基金擁有的貝爾斯登現金帳戶中。我知道借貸和利用融資投資，可能碰到慘禍，因為券商公司可以藉此控制融資帳戶中的資產，而且可能在最糟糕的時刻，賣掉這些資產。幾年前，美國長期資本管理公司（Long-Term Capital Management）其實就碰過這種事情。

　　我一直狂熱地注意，盡量避免這種風險，深切了解我必須保護我們的資產，而且不論是我個人還是這檔基金，都沒有半分錢融資或負債。貝爾斯登只是我們的保管銀行，理論上，這點表示我們的現金帳戶一點危險也沒有。但即使如此，面對這種無法預測的狀況還是非常可怕。實際上，如果貝爾斯登倒閉，有誰能夠保證這些分離的帳戶會出現什麼結果？一切都充滿不確定。

　　3月16日星期天下午，我坐在曼哈頓辦公室的辦公桌前，眼看金融史在眼前展開，辦公室裡出奇的安靜，一切似乎都是以慢動作的方式進行。我知道自己無法掌控全局，我的命運握在漢克・保爾森（Hank Paulson）、班・柏南克（Ben Bernanke）和其他決策官員手裡，他們唯一關切的事情正是保護全球金融體系，而不是我、我的基金或我的投資人。儘管我家人幾乎所有的淨資產，加上幾十位親朋好友和事業夥伴的儲蓄，可能都處在風險中，但在這種危機時刻，我卻感到異常冷靜。

　　突然間，我的彭博資訊社監視器傳來一條好消息，閃著新聞快報，說摩根大通集團已經決定併購貝爾斯登。我伸手拿電話，打給家父，跟他分享這則新聞。後來，到了那天晚上，我撥電話，接通一場視訊會議，極為安心地聽到傑米・狄蒙（Jamie Dimon）保證說，「摩根大通銀行會站在貝爾斯登後面……保證（其）交易相對人的風險。」如此平淡的字眼對我的意義遠大於表面語意，甚至在我行文到此處之時，我的情緒都還很激動。

　　近在幾天前，我甚至從來都不知道貝爾斯登這顆子彈存在，

而且跟我們的距離近得可怕,但是,我們終於獲救。我從來沒有見過狄蒙,但是,從此以後,我每年都會寄一張聖誕卡給他。我曾在達弗斯(Davos)的一場雞尾酒會上見過他,卻沒有上前與他攀談,但是,我真的想走過去給他一個大大的擁抱。

一波又起,捲入雷曼風暴

另一場讓我刻骨銘心的苦難則是發生在2008年9月。我們剛剛結束美好的歐洲家庭旅行,羅莉和我最近才有了第三個小孩,我們愉快地安頓在曼哈頓上西城(Upper West Side)一棟新公寓中。接著,在9月某一個晴朗的下午,家父突然打電話問我,是否認為雷曼兄弟公司會破產。他的錢大都投資在海藍寶基金中,但是,實際上他也把一筆相當可觀的流動資產投入雷曼兄弟公司的債券中,如今看來雷曼已經陷入死亡螺旋。

這對我而言如同晴天霹靂,我幾乎說不出話來,我們才剛剛逃過貝爾斯登的慘禍,現在又要爆發這場悲劇嗎?我在客廳裡來回踱步,不敢相信地聽著家父的話。「雷曼兄弟的公司債券嗎?你居然買了雷曼的公司債券!為什麼?」

我無法想像他怎麼可能踏進這個地雷陣裡,不到一年前,我才在價值型投資聯合會上,聽過艾因霍恩針對雷曼兄弟公司做過一場精彩絕倫的說明。他把雷曼的財務報表批評的一無是處,說明雷曼公司多麼危險,因此,我知道要對雷曼敬鬼神而遠之。可

是現在我發現自己的父親竟投資一大筆錢在雷曼的債券上，卻沒有想到要告訴我。

他解釋說，世界最大、最著名銀行的一位理財顧問打電話給他，向他推薦這些債券，並且向他保證這些債券有穆迪投資者服務公司（Moody's）最優質的AAA評等。當他買這種債券時覺得特別有信心，因為他知道穆迪公司是我的持股之一，他清楚我都投資擁有優良產品的公司。

但是我十分清楚這種遊戲的運作模式，因為專業投資人大舉逃離雷曼公司，華爾街的銷售機器因此必須提高速度，對過度信任的客戶推銷這種廢物債券。當投資雷曼的常客規避雷曼的債券時，他們必須尋找更好騙的顧客作基礎。家父的銀行利用家父，達成自己的目的，無疑賺到了豐厚的佣金作為報酬。

我怒火勃發，大肆批評說：「我說過多少次，一般人永遠不該買華爾街在賣的東西？**永遠不能買**。我喜歡穆迪的事業，但不喜歡他們的評等，他們總是比市場落後。」我說話時，覺得自己喉嚨裡好像有火焰在燃燒。

家父想知道他是不是應該擺脫這些債券，現在這些債券的報價大約只有原價的34%。我說：「最好現在就賣掉。」但是結果市場上完全沒有流動性，他的委託單根本無法執行。幾天後的9月15日，雷曼兄弟公司聲請破產保護，變成美國史上最大的破產案件。

我感到又生氣又羞愧，在我的自我認同形像中，有一大部分

是以保護和創造親友的財富自許，但是我失敗了。家父在購買這種債券前，因一時疏忽，沒有通知我，因而在無意間，削弱了我的信心，對我造成傷害。但是這件事不只是打擊了我的自尊，也讓我覺得害怕。因為這件事而促使我猜想，究竟我還有哪些不知道的事情，我的盔甲裡還有什麼其他的裂縫。

市場送來的買進良機

我原來以為，我的防衛嚴密之至，現在卻發現並非如此。例如，家父肯定是我基金中最大的投資人，他受騙購買雷曼債券的事實，可能產生嚴重的連鎖反應。在市場崩盤的情況下，我長久等待的機會已經出現，我可以冷靜地買進股價暴跌到離譜低檔的公司。我知道我必須選股，過去我花了那麼多時間，研究經濟史和巴菲特之類的投資專家，深知這次很可能是我一生中買進股票最好的時機。

要這樣做的前提是，我希望我的投資人在風暴期間保持冷靜，尤其是家父。如果他的流動資產遭到侵蝕，我會同樣難以在眾人幾乎都陷入恐慌時，對抗群眾，繼續買進。在我需要極度冷靜的分析時，知道我的股東面臨這種情感和財務壓力，會為我增添額外的心理壓力。

但壓力還會以其他我永遠預測不到的方式襲擊而來。例如，當時我聘請了一位聰明又勤奮的股票分析師，並認為他是可靠的

盟友。然而，在2008年秋季的某一天，他來到我自認是我地下碉堡的辦公室，告訴我他已經把個人經紀帳戶中的所有股票賣光。他說：「我已經變現，我要等到風波平靜下來、展望比較明確的時候，再接著下一步行動。」

我十分震驚，無法掩飾我的厭惡，問道「你瘋了嗎？」這個人過去宣稱自己是價值型投資人，我出錢請他保持冷靜，他理當是和我志同道合的人，應該協助我抓住市場送來這個好到難以置信的大好良機。然而，事與願違，他的情感極度失控，以致於連他也受到恐慌的壓力影響，再也無法承受。這種時刻更能看出壓力會變為多麼強大的衡量指標——連一向聰明冷靜，曾為我的基金提出不少高度獲利投資建議的分析師，都無法承受。

後來，我決定永遠不再聘請別的分析師，決心不讓自己的心靈暴露在這些暗中扭曲的人面前。我應該像平常一樣，加強模仿巴菲特和巴布來，他們兩位都沒有聘用專任的分析師，毫無疑問的，他們應該都在這個時候、在怯懦的投資人在現金上尋求情感上的安慰時，大量買進便宜的資產。

隨著全球金融危機加深，市場動盪的程度到了難以置信的地步。但是對我而言，房市泡沫破滅根本不足為奇。幾年前，巴菲特就曾在股東會上解釋為何不再持有房地美時，我就密切注意他說的原因：他和孟格在貸款標準和會計揭露開始惡化，就提前看到了警訊，因為表現超乎他們理想的範圍。我也看了避險基金經理人麥可‧貝瑞（Michael Burry）刊在投資雜誌上的一些精彩

文章，他在文章裡中肯地解釋，為什麼將來會爆發房市和相關金融市場的慘劇。這是留在正確、明智環境中的重要好處：艾因霍恩、巴菲特、孟格和貝瑞之流頭腦清楚的投資專家，協助我睜大眼睛。

因此，我避開最危險的地區，規避所有跟房市有關的企業，包括融通資金給這些企業的公司。結果，我的基金擁有瓦斯管線公司之類的股票，這種股票應該是我所能買到跟房市相隔最遠的領域了。頁岩氣鑽探是龐大的成長市場，管線提供瓦斯從氣田到終端用戶最便宜的運輸模式。

我的確擁有一些金融股，但是我確定這些股票都安全無虞，能夠取得自己所需要的資金。例如，萬事達卡公司（MasterCard）沒有直接參與資本市場，它提供世界兩大主要支付系統中的其中之一。我的投資組合中最接近危機震央的股票是穆迪公司，穆迪的業務是為「助長危機的金融工具」評等，但是穆迪的資產負債表沒有風險：穆迪只是對不同公司的信用程度，發布意見，而不是提供保證；而且有很多前例顯示，別人不能追究他們表達意見的責任。

我努力投資股價大幅低於本身真值的公司，這些公司都擁有高品質的護城河，而且全是驚人的現金生產機器，沒有一家公司具有過高的槓桿，或是定期需要利用資本市場。信用危機對利用槓桿或需要繼續取得資金的公司很危險，可是我持有的公司長期體質似乎十分健全。因此，我第一次聽到雷曼公司內爆、流動性

枯竭的消息時，覺得這件事根本不是問題。但是，這件事演變成大家無處可逃的大事，像我一樣，投資組合集中、大約只由十五檔股票構成的長期投資人尤其如此。我成功的帶領海藍寶基金安度前幾次的市場修正——包括1997年的亞洲金融危機、1999年到2000年的網路股崩盤、2001年9月11日恐怖攻擊後的市場緊張。在這檔基金成立的頭十年裡，我的績效大幅打敗大盤，使我的原始投資人的資金成長4倍。我表現最差的年度是1999年，那一年基金虧損6.7%。

做好面對市場動盪的準備

但2008年又是另外一回事，我的投資組合不曾經歷過如此的雪崩。從6月開始遭遇一連串嚴重的傷害，那個月裡，基金下跌了11.8%，接下來的一個月，又下跌3.5%。接著情況開始變得更慘，9月的基金資產淨值減少6.8%，10月暴跌20.3%，到了11月又慘跌12.5%。這一整年，我的基金淨值共減損46.7%。從帳面上來看，我的股東和家人有將近一半的財富化為泡影。

我過去在寫給股東的信裡就曾明白警告過他們，基金淨值一天裡減損達50%，在統計上是一定可能發生的事情。你只要縱觀金融市場的動盪歷史，就會知道這是必然之事。然而，困難的地方當然是預測這種雪崩什麼時候會發生。我身為長期投資者，從過去到現在，我的選擇不是預測市場波段出現的時間，我認為至

少對我來說，這樣做是不可能的任務。我也決定不買保險（例如：放空指數或購買賣權），因為這樣雖然會降低波動性，卻也會降低長期報酬率。

就我的性情而言，這種方法有效。雖然2008年的金融風暴的確造成我的痛苦，但是我還可以應付這種龐大的帳面損失，因為我了解帳面損失不能反映我投資的真正價值。我知道如果我能夠安抵彼岸，沒有因為外力而被迫倒閉，我一定會安然無恙。在某種程度上，我也是在進行總體經濟預測，認定我們不會進入翻版的大蕭條，因為我們的決策官員了解其中的風險，樂於動用每一種可用的工具，避免慘禍。

我做好面對這種真正動盪的準備，對我也有幫助。我成年後所做的一個重要財務決定，就是我絕對不過入不敷出的生活，也絕對不要淪落到負債的地步。我積欠過的最大筆債務是幾千美元的信用卡刷卡金額，我習慣立刻清償這種債務。我從來不租車，買房子也不借房貸。2008年市場內爆時，我租了一棟公寓，還另外撥出足夠的現金，以便熬過這場風暴。

這種理財態度深植在我們家族的基因中。1936年，我祖父逃離納粹德國後，用他能帶走的所有積蓄——貨真價實總共1000英鎊，沒有借半毛錢，在以色列蓋了一棟房子。1977年，我父母搬到英國時，在位於倫敦比較便宜的地區，買了一棟能充裕負擔房價的房子。我在紐約上州買房子時，也是用現金購買，沒有負債。我富有的祖先被迫逃離德國時，失去了他們的財富；在我內

心深處的某個地方，潛藏著這種情形可能再度發生的致命恐懼，我了解這是我天性中密不可分的一環。因此，我知道我必須避免負債，因為債務會干擾我理性行動的能力。同樣的，我不借錢投資，因為債務是一種額外的壓力，會使我無法保持冷靜和清楚的頭腦。

我對債務的態度也受巴菲特影響，甚至早在他告訴我桂林利用融資的痛苦經驗故事前，就受到影響。曾有段日子，巴菲特在奧馬哈的家背了房貸，但是他很久以前就還清貸款了。他過去也說過，他絕對不希望背負沉重的債務，因為他不希望自己能力處處受限。我們共進中餐時，我告訴他自己在以色列的成長經驗，我父母沒有錢帶我們去度假或買電視機，他們會耐心等待到有能力買得起自己想要的東西，而不是借錢去買。偶爾我們為了犒賞自己，會到赫茲利亞豪華的丹阿卡迪亞大飯店，享受一杯冰咖啡，用這種便宜而精明的方式，過美好的生活。

從社會觀點來看，債務是重要的經濟潤滑劑，適度的運用債務確實很健全，但是對散戶投資人來說，債務可能釀成慘禍，並會在市場走勢不利時，使散戶在財務和情感上，更難以在這種遊戲中支持下去。

巴菲特在2001年寫給股東的信中寫道：「只有在退潮時，你才會發現誰在裸泳。」我的一位股東是第三方行銷專家，先前她曾經說服我跟她一起到歐洲旅行，參觀那些想替我的基金吸引新投資人的博覽會。她極為重視基金的長期價值型投資方法，在

我的基金中投資了200萬美元。但是她讓我大吃一驚的是，她對長期投資的信心突然崩潰，在2009年1月贖回現金。我不知道她到底是無法承受痛苦，還是根本經受不起我們的虧損，因而渴望換回現金。我唯一知道的是，她表現的絕望行為幾乎是完美的信號，顯示我們已經到了悲觀情緒的最高點。兩個月後，市場觸底，開始攀升。在我的所有機構投資人當中，也只有一家投資機構撤資，原因之一是他們自己需要流動性。不過，我絕大多數的股東都十分堅定，相信情勢一定會好轉，最重要的是，曾在以色列當兵並經歷生死關頭的家父特別鎮定。在這次金融危機最高峰時，他將近一半的終生儲蓄人間蒸發。他曾問我，應不應該從我的基金中撤回一些資金，我說當時是最糟糕的賣股時刻，我寧可住在違章建築的草棚裡，也不願意撤回檯面上的半毛錢資金。

這次的金融危機，家父功不可沒，因為他沒有撤回資金，其實他可以在通知之後相當短的時間內，撤回一部分資金。事實上，他占有的股權夠大，大到可以迫使我的基金關門。但是他從未對我喪失信心。事後回想，我知道自己是站在巨人的肩膀上，沒有他這位沉默合夥人的強力支持，我一定不會成功。

對基金經理人來說，股東贖回的整個問題可能充滿壓力和困難。在這次金融危機前，我的基金管理的資產大約為1億2000萬美元，市場崩盤使金額大減為6000萬美元。更糟糕的是，股東大約又贖回大約1000萬美元，原因之一是我的基金規定在通知九十天後就可以贖回，使這檔基金變成容易變現的資產。實際上，有

些避險基金利用精明律師所寫、深藏在發售文件中對自己有利的條款，暫停基金的贖回。我發現這種做法一點也不合理。

　　為了應付投資人的贖回要求，我必須在股價看來跌到空前新低的情況下，變成淨賣出股票的賣方。因為我的投資人當中，有非常少的少數人在這種不當時刻贖回，以致於我想採取理性行動加以利用這種大廉價時刻的做法變得困難許多，我反而必須撥出心力，放在決定該賣什麼股票之類極為困難的任務上。

　　這件事讓我學到一個重要教訓，當時，我最羨慕巴菲特的不是他的驚人智慧，而是他的結構性優勢，他有永久性的資本可以投資，因為波克夏是一家公司，不是一檔基金。這點表示，他根本不必擔心怎麼應付股東的贖回，因此，他可以在完美的時刻，隨心所欲地在股票上進行重大投資。根據巴菲特的說法，說到投資，性情比智商重要，這點無疑十分正確，但是我認為擁有結構性優勢甚至更重要。

　　至於巴布來，他在設立基金時，就訂下投資人一年只能贖回一次的規定，他在市場崩盤時，投資損失甚至比我還嚴重，但是他在金融海嘯期間，只需要應付贖回一次，就是2008年底的那一次。這種結構性優勢使他在需要清楚思考自己的投資組合時，享有比我還大的餘裕空間。相形之下，海藍寶基金的大部分投資人持有的股票類別，仍然擁有每季可以贖回一次的權利。我創設這種結構的基金已經十年：經過這麼久之後，我現在還在為自己的錯誤付出代價。這一點是有力的提醒，說明從一開始就創造正確

的結構多麼重要。

在暴風圈內屹立不搖的男人

在這場危機當中，我也羨慕巴菲特實際上遠離華爾街和投資大眾。他跟大部分的專業投資人不同，似乎十分安然，跟市場的恐懼和不理性完全隔絕。他在奧馬哈的小型辦公室很低調，位在奇威廣場大樓裡，跟承建道路、橋樑和隧道之類基礎建設的建商奇威公司（Kiewit Corporation）共用。對反向思考的投資人來說，要冷靜思考群眾在什麼地方可能走錯路，這裡是理想的地點。

反觀我自己的辦公室，位於曼哈頓的卡內基大廳大廈裡，在金融崩潰慘劇爆發時，簡直是可怕的煉獄。紐約是這場危機的中心，這棟大樓擠滿了心懷恐懼的投資專家，包括很多一敗塗地的避險基金經理人。我每天早上搭公車去上班，因為覺得自己不應該再浪費錢去坐計程車；當我穿過玻璃門，走進大廈流露低調奢華氣氛的壯觀大廳時，會想起我剛搬進這棟大樓時，覺得自己是華爾街王者之中的一分子，如今卻感覺自己像是走進醫院裡，舉目所見盡是扭曲哀愁的臉孔。這樣說可能有點誇張，但是，他們的神情讓我想起911恐怖攻擊那天，我眼中所見，穿過曼哈頓走向上城的人表情大都是這模樣。

當我到達位於25樓的辦公室時，就會感到一股沮喪的情緒。在極為難過的那幾個月裡，我的員工變得比平常沉默，也比往日

嚴肅，大家不再愉快地互開玩笑，沒有人想開口說話。雖然沒有員工明白地提到，但他們顯然正擔心自己的薪水，所有的人都悄悄地更新自己的履歷表。過去，我通常會微微打開自己的辦公室大門，現在我卻把門緊緊關起來，刻意隔開外面的世界，以免被這股明顯悲觀的氣氛影響思考。

保持冷靜，金融危機很可能是一生中最大的機會

現在再次回顧這場危機，我很高興自己多麼善於克制自己的情感。當時我的情感核心已經變得夠堅強，讓我不受周圍的強大壓力影響。我真心相信價值型投資永續生存的力量，對我也有幫助，我有效運用這種方法已經十年，只要我堅持到底，我深信長期運用這種方法，一定會繼續產生成效，為我帶來收益。

然而，保持冷靜泰然並不容易，我應付壓力的方法之一，是運用我跟羅賓斯學到的一種策略：研究我心目中曾經成功應付逆境的英雄，然後想像他們在我身邊，我可以模仿他們的態度和行為。這方面我運用的歷史人物是羅馬皇帝兼斯多葛學派哲學家馬可‧奧理略（Marcus Aurelius.），我晚上會看他的傑作《沉思錄》（Meditations）的節本，他寫道：大家需要用感恩的態度，歡迎逆境，把逆境看成證明個人勇氣、堅忍和彈性的機會。我發現，在我不能容許自己覺得害怕時，這一點特別有幫助。

我也設法想像薛克頓（Ernest Shackleton）爵士處在我的位置

時，會有什麼感覺。他在進行南極洲探險時，犯了嚴重錯誤，例如，在可以停船時，沒有讓他的座艦堅忍號（*Endurance*）登陸，然後又太快放棄他的第一個營地，但是他成功地忘掉這些錯誤，最後拯救了手下每一個人的生命。這件事幫助我了解自己的錯誤是過程中可以接受的一部分。的確如此，我引領親朋好友的財富寶船時，怎麼可能完全不犯錯、或不碰到偶爾出現的大風大浪呢？我必須像薛克頓，注意不要失去一切、保持我一定可以安抵彼岸的信念。

在這些歷史名人的支持下，我努力隨機應變，勤奮地一再檢視我的投資組合，還一而再、再而三的檢查，確保我的持股擁有必要的財力，可以繼續生存。由於對自己的分析有信心，因而拒絕出售美國運通公司之類主要投資的任何股份。到2009年3月，美國運通慘跌到10美元上下，我仍然堅持下去，挺過風浪，迎接後來幾年上漲9倍的利得。

我的持股中，似乎只有一檔車美仕（CarMax）看來風險太高，不能留下來。車美仕是二手車經銷商，股價已經腰斬，但是當時汽車買家要取得低成本的汽車貸款困難之至，我擔心這家公司的事業模式可能崩潰，最後的發展證明我看錯了，連車美仕的股價都反彈回升。只有在這一檔股票上，市場上的恐懼影響我的理性思考。這個案例是健全的提醒，讓我知道無論我多麼小心防範，都無法免於不理性恐懼的侵襲。

同時，雖然我必須應付股東贖回的沉重負擔，我還是買進了

一些便宜得離譜的股票。例如，我投資倫敦礦業公司（London Mining PLC），因為這家公司的股價已經低於持有的現金價值。我也吸納布魯克菲爾德公司（Brookfield Office Properties），因為該公司在精華地區擁有的房地產，價格遠低於重置成本。我買了科瑞西公司（Cresud）的股票，這家阿根廷公司擁有大片極有價值的農地，我等於無償取得這家公司的股票，因為這家公司的總市值低於所持有公開上市不動產公司IRSA股權的價值。我也投資福特斯特金屬集團（Fortescue Metals Group），這家公司已經開發成本極為低落的海運鐵礦砂蘊藏，雖然鐵礦砂價格已經崩盤，但是我確定中國的需求會繼續成長。

這些都是優異的買股概念，這些股票不但極為便宜，而且具有一定會出現的刺激因素。此外，這些公司不只是擁有強力的獲利引擎，還具有龐大的擔保價值，因此，成功的機會特別高。

以上所有投資構想都出自我和巴布來的談話，他的天才分析帶給我無法估量的好處，他經常會想到一些想法和識見，但是我總要花點時間才能消化理解。巴布來開玩笑說，我似乎是「承受不了」這麼多的資訊。我們的友誼日增，是跟巴菲特共餐得到的最寶貴的報酬，因為那次可貴的經驗讓我和巴布來變得極為親近。他慷慨跟我分享他不同凡俗的智慧，讓我大為驚奇，我很難公允的描述他在信用危機期間給我的協助，對我做出正確投資決定有多重要。

總之，這種情形像是手到擒來，隨後的幾年裡，全球經濟復

甦，緩慢恢復正常狀況，這些股票當中的每一檔都飛躍上漲。例如，布魯克菲爾德公司上漲了2倍，科瑞西公司上漲3倍，倫敦礦業公司上漲4倍。就像我當時所感覺的一樣，這次金融危機很可能是一生僅有一次的機會。

我在投資方面表現良好，核心選股程序也很好，但是我可以看出自己在基金管理方法上——推而廣之，在自己的生活管理方面，仍然有些基本事項需要改變。這場金融危機讓我知道，投資的成功不只是看出絕佳的股票概念而已，如同我從痛苦經驗中學到的，我也必須替自己在身體、心智和情感等方面，創造最好的環境，才能更有效的操作，讓自己不容易受到於金融危機期間碰到的負面影響侵害。

我在打造這種環境方面，必須像巴菲特和巴布來一樣更有策略性，我無法模仿他們的智慧，卻可以愈來愈清楚地看出，我需要模仿他們，打造讓他們得到這麼重大結構性優勢的各種環境特性。因此，我決定按下重新設定的按鈕，我所做的最重大變化是在2009年夏季，離開紐約，搬到蘇黎世。

第八章

我打造的奧馬哈──創造理想的環境

建構自己的環境，
以便對抗自己的心智弱點、習性和不理性傾向。

投資人最大的挑戰之一，就是有極多的力量擾亂自己的頭腦。我們喜歡認為自己是理性的動物，這點多少有點正確，但真相卻有點不太清楚。金融危機極為野蠻卻有效的顯示投資人將會變得多不理性，在極端狀況中尤其如此。

誰說人是理性的

所謂專家，包括我自己在內的，絕對無法倖免於這種心態的扭曲，我親眼看到我的股票分析師、投資機構、第三方行銷專家都在市場崩盤的壓力下崩潰，恰巧在最應該買進的時候贖回退場。沾沾自喜的談論「群眾的瘋狂」讓人覺得安心，但是知識分子和財務精英的瘋狂又該怎麼說？根據我自己的經驗來看，我們同樣會陷入瘋狂。事實上，推動狂潮的經常是跟我一樣的人。

心智本身是討厭的東西，十分不適合承擔決策投資的任務。

本書雖不是科學書籍或研究頭腦結構的厚重書籍，卻值得花一點時間深究為什麼要做出理性的投資判斷會這麼難。

大家經常受到誤導，認為頭腦是單一的結構，是理性的接受資訊、予以計算再送出答案的大腦新皮質[1]。2002年諾貝爾經濟學獎得主心理學家丹尼爾·康納曼（Daniel Kahneman）開創新局，把腦部程序的這個部分用「慢想」來形容。我曾經自欺欺人，想像自己是戰鬥機飛行員，十分專注地盯著噴射機駕駛艙的儀表板，做出最適當的決定，而且運作時，能夠完全掌控機上的所有控制桿。

我們在良好大學所受的教育，目的大多是要發展我們腦中這種較高層次理性思考的特性。我朋友史坦因在哥倫比亞大學商學所，教授高級投資課程，這個課程內容極佳，針對投資研究程序提供極多有用的識見。但是所有的學習理論和分析基礎，都是假設學生畢業後，做投資決定的是他們理性的大腦新皮質。但問題是，頭腦也有一部分是不到理性層次的直覺反應——就是康納曼用「快思」來形容的部分，實際上，我們的多數決策都是在此處產生。

當然，我過度簡化了這種無盡無止、內容極為豐富的研究主題，如果你希望進一步研究這個主題，你可以研讀康納曼、丹·艾瑞利（Dan Ariely）、傑生·褚威格（Jason Zweig）、約

---

1. 是大腦皮質的一部分。掌控高等功能，如知覺、空間推理，意識及語言。

瑟夫・李寶（Joseph LeDoux）和安東尼奧・達馬修（Antonio Damasio）等人清楚的解釋。我研讀多位專家的行為財務學和神經經濟學傑作後，迷上了人類決策過程的奇特性和複雜性。例如，神經學家班傑明・利貝特（Benjamin Libet）曾經說明：在我們意識到做出採取行動的決定前，「決定」就已經從腦部發出指令。還有，在十九世紀時，費尼斯・蓋吉（Phineas Gage）腦部遭到鐵棒穿過的著名例子，他有一部分的腦部在事故中受到損傷，導致他雖然表面上行動正常，卻無法做出理性的決定。

　　我對腦部如何處理不同時間抵達的信號也深感興趣：我們看到的嘴唇動作影像立刻到達大腦，但是嘴唇發出的聲音卻比較晚被接收，我們卻認為這些信號是同時發生的。換句話說，腦部為我們建構了我們的現實狀況，建構的反應卻並不精確。

　　這種研究幫助我看出，腦部這種工具實際比我們想像的還不好用。對股市的參與者來說，最大的問題是大腦達不到理性層次的直覺部分，會受到可怕的情緒起伏影響，包括突然勃發不理性的樂觀和悲觀。事實上，跟金錢有關的問題經常啟動我們腦中「比理性層次低的部分」。當我們碰到重大金融風險，感到自己陷入危機時，下意識會直覺地啟動非理性的反應，接著大腦新皮質隨即可能合理化這個決定。

　　要了解我們到底是什麼樣子的人（和投資人），將我們的演化環境納入考慮也有幫助。一般而言，現代人在結構上具有大型腦部的狀態，已經出現大約二十萬年，理性的大腦新皮質是我們

腦中最近演化的部分。但是人類在大部分的歷史中，都是在大不同的環境中生存，今天我們的心智構造中有很大部分的進化，目的是要協助靠打獵、採集為生的人類遠祖，在所居住的荒野生存下去，這種原始求生存的固有進化部分潛藏在我們的腦中，可以輕易地繞過理性的大腦新皮質。

我們可能喜歡認為自己是牛頓，卻忘記我們的天性中還有其他危險的層面，牛頓本人要是認清這一點，應該會過得更好，因為他是聲名狼藉的傻瓜投資人，終生儲蓄都丟進南海泡沫中慘賠不剩。他曾經說過：「我能計算天體的運行，卻無法計算人類的瘋狂。」

問題不只是我們的大腦十分不理性，再加上經濟天地的運作方式複雜到令人頭痛。然而，我在牛津和哈佛學到的美好經濟理論，讓我對這種可怕的複雜性視而不見。在我開始投資幾年之後，基金經理人尼克·史立普（Nick Sleep）介紹我加入聖塔菲研究所（Santa Fe Institute）這個跨科系的研究團體。我知道美盛集團（Legg Mason）極為精明的基金經理人比爾·米勒（Bill Miller）是這個研究所的董事，因此，我開始研讀這個研究所的研究報告。

在大自然隱含的經濟學智慧

我學到的主要概念是把經濟體當成複雜適應系統。經濟學家討厭這種想法，因為我們無法將複雜適應系統製作成模型，或是

利用我們學到的數學加以有效發展。我們通常傾向那些很有吸引力、諧和、難以學會的概念，如一般均衡理論，這種理論提供了絕佳的基礎說明，解釋世界應該如何運作，對決策官員可能是有用的指引，但卻會扭曲了我們對現實狀況的感知。

米勒和孟格之類博學多聞的投資專家很快就看出，這種標準經濟模型並不適合運用在現實世界的市場上，他們也看出從生物學中衍生出來的模型可能更有用。我在聖塔菲研究所的啟發下，閱讀了伯特・霍德伯勒（Bert Holldobler）和愛德華・威爾森（Edward O. Wilson）的大作《螞蟻・螞蟻》（Journey to the Ants）。這本書主要是在說明螞蟻各種不同的生存策略，探討不同種類的螞蟻如何共同進化和彼此競爭。光是這一本書教我的經濟學智慧，就多過我在大學期間所學到的經濟學知識。這樣形容似乎太瘋狂，但卻是事實。為什麼，因為一群螞蟻如同經濟體，是一種複雜適應系統。研讀跟螞蟻有關的書籍讓我大開眼界，例如，事實證明螞蟻族群可以根據一套簡單的基本規則運作，因而能夠解決無數困難的生存問題。

我立刻了解，我找到適合自己在分析財經世界時的有用模型。我隨即想到孟格以及他的交叉網理論（latticework）的心智模型，因此我寄給他一本《螞蟻・螞蟻》，我很高興他親手寫了一封短信回覆我，說他好久以前就想看這本書。同時，我決心花更多時間閱讀跟生物學有關的書籍，這些研究加強了我的看法——把經濟體視為正在演化中的極度複雜生物生態系統，對我的確有幫

助。公司像各種螞蟻一樣，必須採用能夠讓他們繼續繁榮發展的策略，否則就會有滅絕的危險。

我很快就有了新發現，其他領域的複雜性研究也為經濟世界如何運作，提供有用的模型。例如，丹麥理論物理學家波·巴克（Per Bak）跟別人合寫了一本經典的沙堆研究，說明你持續不斷地把沙子灑在一個地方時，會有什麼結果，結果是沙堆到達「自組臨界性」（self-organized criticality）的時候，就會發生沙崩，但是你不可能預測沙崩的時間和規模。這個模型為市場崩盤提供了有趣的識見，因為其中有很多地方跟沙崩很相像。對投資人來說，底線是避免到達自組臨界性的狀態，2008到2009年金融海嘯爆發前，大致就是出現了自組臨界性的狀態。

重點是，我在大學時所學到的純粹的經濟理論，無法十分貼近地描述經濟體和金融市場真正的複雜性。與此同時，我逐漸了解，當我們的大腦面對這種極其複雜的情況時，應對能力極其有限，對投資人來說，這種失衡是不容忽視的嚴重問題。我們的狀況就是這樣，我們多少抱著希望能以不理性的小腦袋，配合過度簡化的經濟理論，以便了解整個複雜到令人難以置信的世界──請問我們成功的機會有多少？

這種情形不只是放縱的知識理論化，對每一位投資人都是非常真實的挑戰。這麼說來，有什麼方法可以扭轉局勢，使局面變成對我們有利？或甚至在對我們極為不利的情況下，如何提高我們獲勝的機會呢？這是本書後面幾章要討論的根本問題。

事後回想，我對自己在大學所學的經濟模型，應該抱持更懷疑的態度。因此，你應該會很高興，聽到我不打算讓你心煩、不打算深入探討布萊克─斯克爾斯期權定價模型（Black-Scholes model of option pricing）、凱因斯學派的總體經濟學和價格僵固性、IS/LM模型（IS/LM macroeconomic model）、理性預期、赫芬達爾（Herfindahl）的產業集中程度或魯迪格‧唐布希（Rudiger Dornbusch）的匯率超調模型（overshooting model）。

如果你是在門薩學會[2]（Mensa）雞尾酒會或央行官員集會中尋找機會，這些東西當然能夠幫助你獲得注目，也可以為你爭取到第一流的學位和優秀的教職位置。但是，就我的經驗來說，這些理論應用在投資上並非特別有幫助。問題是像這樣的經濟理論，通常是以世界如何運作的知識性良好假設為基礎，而不是以實際生活的混亂現實狀況為基礎。

雖然如此，我在大學裡還是學到很多有用且不應該拋棄的知識。例如，懂得如何閱讀一家公司帳目的能力，這是任何一位認真的投資人都不可或缺的知識。這點不表示只要懂辨別現金和權責會計的差別就夠了，也要了解不同的會計規則可以用各種方式，扭曲標題的盈餘數字，且還不提能否看出盈餘品質正在提高或降低的能力。如果你是管理碩士或財務分析師，你一定已經學會這種分析的基本機制。如果你不是這種人，有很多書籍

---

2. 國際性組織，最大特色是以智商為唯一入會標準。

可以傳授這種知識,包括葛拉漢、陶德、馬帝‧惠特曼（Marty Whitman）、約翰‧米哈杰維奇（John Mihaljevic）、卡拉曼（Seth Klarman）和葛林布雷的經典傑作。不需要我在這裡再贅述一遍。

　　不幸的是,大部分投資書籍通常偏重技術面的技巧。研習投資報酬率、本益比之類的基本素材很好,但是這些東西不難,而且只能讓你了解到這種程度,凡是聰明到能夠念完商學研究所的人,都能夠想通如何剖析年報、季報和其他財務報表。我認為,真正的挑戰在於頭腦本身——讓我們達到目前這種境界的大腦——是其中最脆弱的一環。頭腦像一艘小船,在不理性的大海裡隨波逐流,隨時都可能受無法預期的風暴影響。而且連最傑出的神經學家都無法完全了解大腦,何況是投資人。

　　當我開始閱讀行為財務學和神經經濟學著作時,覺得很興奮,因為我認為自己在探索人腦如何發揮功能和機能失常的最深沉祕密。但是一開始時,我錯誤地假設可以依賴自己的智力,克服這些非理性的傾向。當我讀到有關腦部的缺點時,會贊同點頭附和,並安慰自己現在更了解心智的絆馬索在什麼地方,今後我應該不會再犯錯才對。但是,我逐漸了解僅有對心智知識和自我了解根本不夠,問題在於我們不能用腦部否定腦部。因此,即使我們知道這些心智缺陷,仍然無法不受這種缺陷侵擾。

如何對抗心智弱點

這麼說來，有什麼方法可以解決這個問題嗎？這一點正是我希望跟你分享我的學習心得以及幫助你的地方。

從自己在布萊爾公司和金融危機中的痛苦經驗，我發現必須要排除掉自以為真正能夠理性思考的錯誤假設，十分不易。身為投資人，唯一的優勢是謙卑的認識自己的腦部缺陷到底有多嚴重，一旦接受這一點，我就可以根據我對大腦區域地雷陣的認識，設計一系列的變通辦法。

以我的狀況來說，我腦中的這個地雷陣碰巧可能特別險惡。大約2004年時，一位任職西奈山伊坎醫學院（Mount Sinai School of Medicine）的朋友，把我交給他的同事瑪麗‧索蘭多（Mary Solanto）博士進行盲目檢驗。她進行一系列測試後，斷定我有注意力缺失症。這些測試顯示，我可以在若干期間內，表現特別的超級專注，在高壓期間尤其如此，但是一碰到生活中比較平凡的事情時，我相對地會容易落入注意力陷阱。我可能在事業上想出非常好的構想，但我的注意力卻可能極為輕易地轉變，以致於我幾乎無法掌控現在是幾點、或是把鑰匙放在什麼地方之類的基本事務。

要處理我的注意力缺失症，我必須發展出一系列簡單的變通辦法，例如：在辦公室裡放大型的時鐘，協助我注意時間；辦公桌要整理得清清爽爽，以免我分心他顧，還要把東西放在相同的

地方，這樣我才不會常常忘記；聘請個人助理時，我規定的重要職責之一是監看我，以免我錯過了搭機、約會，或離開辦公大樓時要關大門之類的簡單事情。

這一切的重點是在我的日常生活中，建立變通辦法和斷路器。結果證明，如此改變不但有助於改善注意力缺失症，而且在讓我變成更高明的投資人方面，也極有幫助。事實是，人人都有精神上的缺陷，只是你我的缺陷截然不同而已。有了這種觀念後，我開始了解：投資人建構自己的環境，以便對抗自己的心智弱點、習性和不理性傾向，是極為重要的事情。

我搬到蘇黎世後，把極多的心力放在創造理想投資環境的任務上——希望自己在這種環境中的行動可以更加理性。我的目標不是變成更精明的投資人，而是單純建構一種環境，以便我的腦部不再受極端的連串干擾和困擾力量影響，導致我的不理性行動惡化。對我來說，這是改變生活的事情，我希望我能夠在這裡公允地說，如此實踐從根本改善了我的投資方法，也帶給我相對快樂且平靜的生活。

在後面的某一章節裡，你會發現不只是我的環境變了，我也徹底改變了基本習慣和投資程序，以便解決自己的不理性問題。我的腦部仍然極度不完美，但是這些改變會巧妙扭轉競技場的優劣勢，轉而對我有利。相比多數投資人全神貫注地關切分析師的每季盈餘報告、托賓的Q比率（Tobin's Q ratio），或一些沒有用的大師市場預測之類雜音，改變環境對我心靈的幫助大到無法計

算。

金融危機確切無疑地告訴我：管理腦部非理性的部分，必須變成我管理股票投資組合中不可或缺的一環。而金融危機也突顯在曼哈頓要實踐這理念有多難。我們每個人天性略有些許不同，但是，紐約因為擁有躁動不安的能量、競爭精神，和極為龐大的財富，而增強了我的某些不利於良好投資的非理性本質。我必須處在一個能讓我冷靜思考和長期投資的地方，這個地方不會有別人的期望壓力，也不會出現如紐約旋渦會打擊我的所有狂熱活動。

這樣說並非指紐約不是某些偉大投資專家美好的總部。艾因霍恩在紐約就做得有聲有色，紅杉基金的經理人也一樣。但是，我認為對於像我一樣從各地擁進紐約，缺少本地根基的人來說，這樣做並不容易，因為我們不能像在紐約長大的人一樣，得到穩定本身情緒的效果。外地人太容易在紐約和倫敦此等金融中心受到刺激，激發貪婪與嫉妒之類的情緒，而毫無節制地放縱欲望，因而失去平衡。

借用納西姆‧尼可拉斯‧塔雷伯（Nassim Nicholas Taleb）巨作《黑天鵝效應》（Black Swan：The Impact of the Highly Improbable）中的一句名言：這些大都市是「極端的世界」。我們從很多研究中知道，我們和鄰居之間的貧富不均，在決定我們幸福與否，可能扮演很重要的關鍵。如果是這樣，那麼讀到紐約黑石集團執行長蘇世民（Stephen Schwarzman）之流億萬富翁的消息，很可能在我們不理性的大腦中引起憤憤不平的反應，除非我

們擁有處理這種修補力量的強力因應之道，否則我們無法避免這種反應對我們造成的沉重打擊。例如，跟這種驚人的極端財富過度接近，可能使我更容易受到誘惑，衝動地把我的投資拿來奮力一搏，賭賭財運，而不是鎮定地賺取相當優異的複合報酬率，不冒不適當的風險。

　　至少對我而言，住在貧富落差沒有那麼極端的環境比較明智，鑒於我自己的缺點和弱點，我認為如果我住在塔雷伯所說的「平庸世界」，也就是生活比較平凡的地方，我應該比較有機會能夠以略微理性一點的方式操作。

　　因此，我開始積極考慮取代曼哈頓的地方。曾經有一陣子，我認真地思考搬去奧馬哈，原因是那裡這麼適合巴菲特；我也考慮過加州的爾灣，因為巴布來就住在那裡。我也考慮過美國其他比較小的城市，如波士頓、大急流城和波德。我也想過歐洲比較低調的都市，如慕尼黑、里昂、尼斯、日內瓦和牛津。

巴菲特式的生活價值觀

　　但是最後內人羅莉和我決定搬到蘇黎世。我小時候經常去那裡，而且對其喜愛有加。最近，我看過不少研究，蘇黎世都規律地出現在世界上生活品質最好的城市名單中。要看出列名其中的原因不難，蘇黎世不大，是安全又便於管理的地方，加上擁有漂亮的建築、乾淨的空氣和水，以及絕佳的實體基礎建設，還有優

良的公立學校。幾分鐘車程之外，就是美麗的山脈和非常好的滑雪場。蘇黎世也設有完美的機場，可以輕鬆便利地從市中心搭乘直航航線，飛到紐約、舊金山、新加坡和雪梨等地。

雖然蘇黎世的生活費用昂貴，卻也是高度平等的地方，因為每一個人都可以利用大致相同的資源——從清新原始的湖泊，到勝過我們在紐約上州豪華鄉村俱樂部私人泳池的公共游泳池。同樣的，蘇黎世至為優越的公共運輸系統效率絕佳，連本地的億萬富豪都樂於搭乘。蘇黎世的富人不是住在眾人遙不可及的另一個實體空間的事實，降低了在紐約和倫敦之類都市輕易可以感受到的嫉妒和剝奪感。

我不是暗示蘇黎世完美無缺，但是我認為蘇黎世有一個很特別的地方：蘇黎世是真正建立在信任上的城市。例如，火車系統很少查票，車站沒有十字旋轉門；商店裡的顧客經常賒帳購買葡萄酒和其他產品，然後東西和帳單會一起送到他們家裡。居民們是這整個信任網路的一環，這樣通常會激發大家最良善的人性。從某個角度來看，這是巴菲特式的生活觀，巴菲特對旗下公司的經理人相當信任，授予他們自行做決定的餘裕空間，他們的回饋是做他們所能做的所有事情，滿足他的期望。

我也覺得蘇黎世是個安靜、愉快、沒有太多活動且有點乏味的城市，但是可以讓我心情平靜度日的地方。我在這裡可以把注意力放在家人和基金上，不會受到不當的干擾。大家偶爾會問我：「但是這樣不會無聊嗎？」我的回答是：「無聊是好事，身

為投資人,這正是我需要的。」因為分心是真正的大問題,我真正需要的是普通、不顯眼、不會過度興奮的環境。而且,我一定不是唯一認為蘇黎世是便於清楚思考的人,歷史上,這個城市為卡爾・榮格(Carl Jung)、詹姆斯・喬伊斯(James Joyce)、理察・華格納(Wilhelm Richard Wagner)、列寧和愛因斯坦這麼多樣化的人物,提供自由沉思的空間 —— 更不用說還有蒂娜・透納(Tina Turner)了。

與投資圈保持安全距離

還有一點很重要,就是我在蘇黎世不會受到投資圈裡的人包圍,如此一來我會比較容易對抗群眾,消除群眾思想滲透到我大腦的風險。蘇黎世距離人來人往的地方也夠遠,不會有太多人來打擾我;最關心我的親友會自己來,但是我不必花太多時間,打理跟我的生活重心相對疏遠的關係。這樣聽起來可能有點冷酷無情,但是我考慮打造一個適合我獨特性格與優先順序的環境時,這些正是我需要納入考慮的因素。畢竟,搬到蘇黎世,讓我有機會清清白白地重新開始,實施我學到的所有可以更有效率運作的做法。我不希望破壞這個大好良機。

接著,我開始尋找完美的辦公室,這是我打造新環境的另一個重要因素。結果我犯了錯,在班霍夫大街租下一間辦公室,租期一年。這條豪華街道位在蘇黎世市區裡的高級區,到處都是昂

貴的商店。但是這種超級富裕的環境對我並不理想，因為這種環境會激發不健康的欲望。因此，我很快就決定把辦公室搬到河流的另一邊，從浮華、魅力十足的班霍夫大街走路過去，只要十五分鐘，對我而言已足夠形成安全的距離。

心理學家羅伊‧鮑麥斯特（Roy Baumeister）說過，意志力是一種有限的資源，因此，我們必須小心，不要耗盡意志力。事實上，他的實驗室發現，連抗拒巧克力片餅乾這麼簡單的行為，都會影響大家在執行後續任務時，意志力會變得比較薄弱。以我而言，我不希望浪費有限的精力，對抗班霍夫大街在我心裡可能激發的嫉妒和貪婪。比較好的方法是只打造我想要的環境，使我不必暴露在可能會強化非理性本質的破壞力量中。關鍵是，讓我的頭腦擺脫任何不必要的心智活動，這樣我就可以把腦力用在比較具有建設性、可能造福自己和股東的任務上。

當我思考這些問題時，也開始認清我敬佩的其他投資人，也都在有意或無意間採用類似的方法，建立自己的環境。例如，巴布來在南加州一處不算精美的辦公室園區工作，附近沒有其他金融機構。我曾經問過他，為什麼不把公司設在爾灣一處豪華購物中心漂亮的辦公室裡，靠近他最喜歡的餐廳。他回答說：「唉，老蓋，我不需要那一切的富麗堂皇！」我毫不懷疑他清楚那個地區對他的心理可能有什麼影響。

同樣的，卡拉曼是世界上最成功的投資人之一，卻在波士頓一處完全不顯眼的辦公室工作，遠離華爾街的強烈興奮情緒，

如果他願意，他大可輕鬆租下耀眼摩天大樓的頂樓，俯瞰查爾斯河。史立普把辦公室設在國王路上一家康瓦爾酥餅店隔壁，遠離英國避險基金聖地梅菲爾的繁華。白水投資夥伴公司（White River Investment Partners）經理人貝尼洛（Allen Benello）在舊金山一處不起眼的辦公室裡工作，離市內的金融區一點也不近。還有我們已經討論過的巴菲特，窩在奧馬哈完全不以富麗堂皇著稱的奇威廣場大樓裡。

我認為，這些投資人之所以能夠創造驚人的成就，這點是大致上還不為人所知的重要因素，因此我也希望創造出屬於自己的奧馬哈。

雖然如此，我卻跟巴菲特不同，不只是智商不同而已，原因之一是我希望辦公室擁有令人愉快的景觀，他卻不會為這種美學因素小題大作。事實上，我喜歡一眼望去看到樹木或類似的愉悅景觀，巴菲特卻總是把辦公室裡的窗簾拉起來。

但是，我在其他的重要地方，卻刻意模仿他在奧馬哈創造的環境。例如，巴菲特住在離辦公室大約十分鐘車程的地方，略微出了市中心的外圍；巴布來在爾灣的辦公室離他家大約也是十分鐘，也是略微出了市中心的外圍。我模仿他們的方式，選擇的辦公室離我家走路只要十二分鐘，坐電車只要七分鐘，也是略微出了市中心的外圍。我覺得，在市中心之外很有用，原因之一是這樣比較不可能有太多人隨意來辦公室拜訪，訪客需要比較有力的理由才會來，因此，他們的拜訪通常都比較有價值。

　　這些決定都經過慎重考慮。例如，巴布來和我曾經特別討論過通勤時間，得到的結論是理想的通勤時間大約是十到二十分鐘。這樣子近得足以改善生活品質，卻遠得足以在生活和工作之間建立區隔。對我這樣沉迷於工作的人來說，有這層區隔十分有效。我們不埋頭工作時，需要在家裡看到家人，跟他們相處。同理，擁有些休閒嗜好很重要，例如，我喜歡跑步和滑雪，這樣不但讓我更健康快樂，也可以讓我心靈澄澈，強化我和市場情緒起伏疏離的感覺。如果我窩在辦公室裡，一心一意的分析股票，我敢說我的決策和投資報酬率一定會受到傷害，我的健康和家庭生活也一樣。

　　總之，一切皆是息息相關，我最初希望創造更好的環境，動機是提高自己的報酬率，但是，這些決定也帶來了更好的生活。

打造能集中精神的工作室

　　雖然我天生固執，我在辦公室裡也同樣慎重地打造有助於讓我理性而有效運作的環境。認識自己，從而適應你的環境會有幫助。如同我先前所提，我的缺點之一是極為容易分心，因此，我在設計自己的實體環境時，必須處理這個問題，我跟巴菲特不同，他可以不用電腦或電子郵件，就能夠順利運作，我卻必須依賴電腦。然而，我也清楚網路和電子郵件可能讓我極度分心。為了對抗這個問題，幫助我集中精神，我把辦公室的區域實際劃分

開來。

　　我在走廊的一端，設了一間「忙碌室」，裡面有電話、電腦和四台螢幕，但是我把電腦和螢幕放在一張可以調整高度的桌上，擺成我通常必須站在旁邊看的角度。回電子郵件是不太需要花費精神的任務，卻容易讓人陷入長時間處理電子郵件的困境，因此，我刻意把桌子擺成讓我不能坐下來的狀況。這樣似乎有點反常，但是，目標是要創造出讓我能夠平靜又鎮定思考的地方。從電腦做這種怪異角度的微調，的確有助於我提升優勢。

　　我在走廊的另一邊，設了一間圖書室，裡面沒有電話也沒有電腦，我希望鼓勵自己花更多的時間坐下來好好思考。因此，這間房間設計成溫暖討喜的風格，我可以帶一疊財務文件去研究，或是從牆邊書架上選一本書。如果我把門關上，就表示誰也不能來打擾我。這間圖書室也兼小睡房，不算巧合的是，巴布來也會在辦公室裡小睡片刻，巴菲特也告訴過我，他的辦公室裡有一個可以小睡的地方，這不是懶不懶散的問題──喔，至少不完全是這樣！白天小睡片刻，可以讓人頭腦保持清新、隔開雜音、提供系統重新啟動的機會。

　　這些可能都是芝麻小事，例如要如何裝潢辦公室亦是如此。想想牛津大學許多學院的餐廳裡，都掛了傑出校友的畫像。從某個角度來看，會對當下聚集在那裡的學生，發出啟發人心的訊息。我根據同樣的道理，在辦公室安置了孟格的銅像。我不是要神化孟格，而是希望在我心裡激發他的意像──尤其是作為提

示，提醒自己別犯了他在哈佛演講時所指出的二十四種錯誤判斷。同樣的，我在忙碌室和圖書室裡，放了一些我跟巴菲特與巴布來共進午餐的相片。

　　我無法從嚴格的科學角度解釋這一切，但是我的印象是鏡像神經元會協助我們，把有影響力的人仿製到我們的生活中。我在辦公室放孟格和巴菲特的照片，是再度試圖利用他們的形象影響我的思想，在下意識的層次中扭轉競賽場地。我認為這種做法相當常見，我曾到查特威爾參觀邱吉爾的書房，讓我吃驚的是他放在書桌上的東西，包括一座拿破崙的半身雕像、一座納爾遜（Nelson）海軍上將的小瓷像、和一張南非總理揚‧史馬茨（Jan Smuts）的相片。我認為這些東西不只是擺飾，我猜邱吉爾偶爾應該會問自己，若這些著名領袖身在他的處境時應該會怎麼做。十字架之類的宗教物品想來也可以達成同樣的目的，為信徒提供提示，改善他們的行為。鑒於鏡像的力量強大，真正用心地選擇我們的英雄和模範，的確很重要。

　　我也在辦公室裡擺了家父和最初若干投資人的相片，包括他的兩位事業夥伴，藉此提醒我到底是為誰工作，以令我永遠謹記對股東的責任。最近我考慮委託一位攝影師，拍攝我所有投資人的黑白照。

一窺股神的辦公室

跟巴菲特共進慈善午餐大約一年後，巴菲特臨時慷慨地准許巴布來和我一同參觀他在奧馬哈的辦公室。我非常想看看巴菲特是怎麼安排自己的環境，加強自己做理性決定的能力。他的辦公室令人最驚異的特點，或許是幾乎沒有什麼可能擾亂他頭腦的物件。他只有兩張椅子，沒有召開大型會議的空間──實際上，這是阻撓不必要互動的方法。他的窗簾都關得緊緊的，想來是希望幫忙他把精神專注在手頭的任務上。

巴菲特在他桌子後方牆上顯眼之處，掛了他極為敬佩的父親霍華‧巴菲特（Howard Buffett）的相片。羅文斯坦寫的巴菲特傳記中，描述霍華‧巴菲特是「道德可風」的國會眾議員，「拒絕接受公費旅遊，甚至部分自費的旅途也拒絕。在他的第一任眾議員任期內，眾議員的薪水從1萬美元，提高到1萬2500美元，老巴菲特把加薪的部分留在國會出納室，堅持他是以比較低的薪水當選的。」要看出這件事對巴菲特的影響不難，巴菲特經營波克夏公司，領取微薄的薪水，反映同樣利他主義式的正直意識。更重要的是，這張照片提醒我們，建構自己的工作環境時，納入我們的模範形像，可能會有極大的助益。

至於巴菲特的桌子，說來真是太小了，小到沒有地方堆東西，迫使他必須有效地處理待看文件。桌上放了一個收文匣和一個發文匣，還有一個標了「太難」的匣子──明白的提示他耐

心等待完美的時機來臨。如同他所言，「我只會在我真正喜歡的球投過來時揮棒。」他的「太難」匣子有一點玩笑性質，但是，這個匣子存在，對他的思考方式一定也有微妙的影響。若不是巴菲特擁有如此特別的頭腦，這些提示也幫不上多少忙，但有趣的是，連他這麼聰明的人都認為，應該把這個匣子放在桌上，當成幫助他維持專注的實際用品。我卻覺得這點顯示他對自己的能力抱持極為謙虛的態度。

如何汰除投資雜音

我也發現，巴菲特的辦公室裡沒有放置彭博資訊社的終端機，大樓的另一端顯然有這種終端機，提供管理債券投資組合的波克夏員工利用。巴菲特如果有需要，無疑一定能夠使用這台機器，但是他刻意選擇不輕易接觸數量如此龐大的資訊。

同樣的，我拜訪史立普在倫敦的辦公室時，令人好奇的是他將彭博資訊終端機擺放在很怪異的地方，讓他只能坐在低矮又不舒服的椅子上才能使用。他像巴菲特一樣，刻意設計自己的環境，阻撓自己任意使用一年租金超過2萬美元的終端機，為什麼？畢竟持續流動的資訊確實是專業投資人的生命線啊。

我自己跟彭博資訊的關係同樣也很矛盾。彭博資訊終端機是功能極為強大的工具，我經常發現，匆忙之際，要得到股票資料或新聞，彭博資訊很有用。我停留在紐約旋渦的日子裡，我租用

的彭博資訊也具有一種不明確的目的,就是提升我的自尊心。這種機器讓我覺得,自己是用得起最昂貴玩具俱樂部的尊榮會員;如果沒有這種機器,我可能會覺得無法跟同儕平起平坐。但是在這種愚蠢想法之外,使用彭博資訊——或是就這點來說,使用彭博資訊社競爭對手路透社或飛訊公司(FactSet)的資訊——也有一個更嚴重的壞處。

所有這些產品——尤其大家夢寐以求的頂級彭博資訊,為了吸引用戶,都經過巧妙設計,具有強大吸引力以及不斷發送資訊的承諾。他們的終端機把無止盡的新聞和資料流量,送進投資人的腦海裡,使投資人很難凝聚自律力量,關掉這資訊水龍頭,專心思考最重要的事情。股價在你眼前閃動,重要新聞警示信號響著,每則訊息喚起你的注意。每一件事情都牽聯到別的事情,因此,你經常發現,自己彈跳在這種資訊悲慘世界中,陷入愈來愈深的凹洞裡。

起初我徹底地受彭博資訊吸引,無法自拔。早年我擔任基金經理人時,一抵達曼哈頓辦公室,第一件事就是火速打開彭博資訊機,機器會像聖誕樹一樣亮起來,光鮮的色彩在下意識的層次中,刺激用戶採取行動。但是在我變得更能夠自覺此刻,我開始了解這種採取行動的呼叫對我完全沒有幫助,無數小時的流覽資訊也一樣。於是我開始問自己,「這是善用自己注意力最好、最高明的方法嗎?我的意志力數量有限,我應該把多少意志力,浪費在努力對抗大吃特吃所有資訊點心上呢?」

　　金融危機期間，我比過去更清楚看出對彭博資訊上癮很不健康，在我最需要汰除雜音、集中精神注意投資組合的長期健全程度時，持續不斷的利空消息一直轟炸，可能輕易地害我不理性傾向惡化。因此，我採用逐漸減少劑量的處理方法。2008年底到2009年初市場崩潰期間，我把彭博資訊的終端機連續關了好多天。我採用另一種遠離彭博資訊的方法，是停止使用個人的登入密碼，但是我們仍然有公司的登入密碼。我也把主機螢幕的色調，改成暗淡的顏色，聲音改成無聲，避免所有光亮、閃爍不停的顏色刺激不理性的頭腦、進而採取不必要行動的風險，降到最低程度。

　　在我設立蘇黎世的辦公室時，必須再度面臨怎麼處理彭博資訊機的難題。現在我已經習慣運用彭博的資訊服務，放棄彭博資訊一定會讓我心裡很痛苦，雖然彭博資訊偶爾非常有用。但是，我同樣知道彭博資訊對我弊大於利。因此，最後我達成不安的妥協，把彭博資訊丟到忙碌室一張可以調整高度的桌上，由於桌子可以調整，因此，我通常都必須站著看螢幕，這點表示我不太可能受到誘惑，一口氣使用好幾個小時的彭博資訊，在無助的分心狀態下，大吃特吃所有的資訊。現在，我經常好幾個星期完全不打開彭博資訊的機器，但是我有需要時，機器還是擺在那裡，變成特別昂貴的學步兒童安全毯。

　　當然，腦中理性的部分告訴我，最好我可以完全擺脫彭博資訊機，為什麼每年要付2萬多美元，換來一種我可以輕易不用的

干擾物品呢？但是我接受自己可能犯錯的習性，我沒有假裝自己
徹底理性，我發現對自己的不理性抱持誠實的態度比較有幫助，
至少我可以採取實際措施，協助自己管理不理性的自我，這大概
是任何人所能做到的最好解決方式了。

第九章

投資以外，還要學會放鬆

如果你投資以外的生活一片混亂，
一定很難創造良好的投資。

　　我搬到蘇黎世時，認定我也需要改變生活中的其他層面。搬家不只是要打造干擾比較少、能夠協助我更理性、更冷靜運作的環境而已，我還希望改變自己的生活態度。

　　在2008年到2009年的經驗極為強烈深刻，以致於我一直很難維持平衡，這點是投資人最大的挑戰之一。我們都知道保持身體健康，過著滿足的個人生活，維持某種情感平衡很重要，但是這種整體觀點不只是不切實際的新時代夢想而已。事實上，如果你投資以外的生活不正常、一片混亂、或受到妨礙，一定很難創造良好的投資。

如何減輕投資壓力

　　偉大的投資人不常公開談論自己在情感上碰到的挑戰，但索羅斯寫道他偶爾搞不清楚是他在操作基金，還是他的基金在操作

165

他時，已洩露了投資所帶給人的壓力。相形之下，巴菲特說過，他每天早上都是跳著踢踏舞去上班，他的愉快和對生活抱持的熱情反映在他的幽默感，也反映在他對橋牌的熱愛上，他找到了自己最愛的事情，並且樂在其中。

我希望在自己的生活中注入更多的歡樂，希望重新拾回這麼多年來我所失去的歡愉心態。金融危機期間，我的事業生涯多次面臨生死存亡關頭，市場的大屠殺極為慘烈，以致於無數基金陣亡、倒閉，連米勒之流著名的投資專家，都受到極為嚴重的侵害，以致於名聲嚴重受損。我認識的一位最聰明的投資專家，也是我的哈佛學長損失了80%，被迫結束基金經營，他才四十出頭，但原本閃閃發亮的投資生涯顯然已經結束。對我來說，市場崩盤等於投資上的瀕死經驗，迫使我重新評估自己希望怎麼過日子，什麼才是真正對我重要的東西。

我在探索自己的心靈之際，看出了自己把視野封死在「事業生涯是生死存亡鬥爭」的看法中。這種做法過度極端，我不只渴望變成偉大的投資專家，還想成為巴菲特。這麼多年來，我幾乎把自己逼到瘋狂的地步，一心一意想達成目的，眼裡只剩下考試成績、大學成績和基金投資報酬率。對我而言這就是一切，彷彿這些東西的表現決定我是什麼人、也決定我的價值觀。

這點或許起源於我所受英國教育的特質。我十一歲時，才去上英國的一所寄宿學校，那時我已經住過伊朗、以色列、南非，然後才移民英國，因此跟英國格格不入。對我來說，學校裡的每

一件事情都是一種奮鬥，而且我當時覺得所面臨的一切都跟生存有關。從某種角度來看，我盲目地把這種態度帶到成年生活中，把我的投資生涯看成是一種鬥士之間的競爭。經歷金融海嘯後，我才終於看出，把生活看成致命戰鬥的傾向和態度不見得有用，更不是通向幸福快樂的坦途。

我需要放輕鬆，至少我希望象徵性地學會跳踢踏舞。

我決定大肆增加玩樂，作為自我再造的一環，其中的一個重點是我開始加強旅遊。例如2009年時，我跟巴布來到印度旅行十天。過去我根本不會從事這樣的旅遊，因為我覺得必須不停地工作，因此，我說服自己必須留在家裡，監視我的股票投資組合。但是這次去印度，我沒有抱著任何目的，結果印度之旅變成收穫極為豐富的經驗，協助我用新的視角看待世界。

例如，我有機會觀察巴布來透過達克尚納基金會，在印度大規模協助教育小孩的傑出成就。這樣說聽起來可能像陳腔濫調，但是這次的旅行也對我形成深遠的影響，讓我看出很多印度人雖然在純物質方面幾乎一無所有，卻過得非常快樂。這次旅行也協助我認清：富裕國家人民的價值觀可能扭曲得多厲害。此外，看著巴布來在非專業環境中的一舉一動，以及貼近觀察他的天性，的確讓人深感興趣。對我來說，光是觀察他對錯過的約會和行為粗魯的人怎麼反應，就可以學到很多智慧。我遇到過的人當中，很少有人能夠像他這樣把冷靜和理性的鎮定結合在一起。

我們在這次旅程中，也參加了在邁索爾舉行的印度技術、娛

樂、設計團體（TEDIndia）的大會。我深深愛上這個組織，並在後來的若干年裡跟別人合創蘇黎世TED大會、參加瑞士巴塞爾藝術展之類的活動，還加強參與支持牛津、哈佛與以色列魏茲曼科學研究所（Weizmann Institute of Science）等教育機構的行動。我不知道這些事情有沒有讓我變成更高明的投資人，但這些事情的確增廣了我的思維，帶給我很多有意義的關係，也鼓舞了我的生命。同等重要的是，這些事情讓我以另一種方式真誠地認識自己。

同時，我在蘇黎世刻意避開若干類型的人。前面說過，住在瑞士，把公司設在市中心外圍，會讓「不對」的人比較不容易來找我，因為他們需要很重要的理由，才會花一番功夫跋涉過來，這形成了有用的過濾機制。搬到蘇黎世讓我能夠快刀斬亂麻，解決自己跟基金行銷專家、股票分析師和其他專業「協助人員」之間整個不健康的關係難題，他們不能夠再像過去般幫倒忙，引導我採用紐約避險基金業者標準的生活模式。

但是，我不希望變成自我封閉的人，因此我愈來愈樂於投入大量時間和金錢到處旅行，看看對我很重要的人。我跟史坦因一起去以色列。我還飛到加州，跟巴布來共度幾天假期，又是沒有任何目的，只是想跟我喜歡和敬佩的人待在一起而已。巴布來和我也設立了一個由八個人組成的智囊團，名叫交叉網絡俱樂部（Latticework Club），每隔幾個月聚會一次，分享我們生活中的大小事，同時彼此互相支持。這個團體幫助我打開情感之門，也幫助我用更有系統的方式反躬自省。

　　此外，我也找了朋友米哈杰維奇，在瑞士創設了一種年度活動，叫做價值無限聯合會（VALUEx）。這是由志同道合的人組成的社群，大家在瑞士克洛斯特斯的餐桌和雪坡上分享投資概念與智慧，同時塑造友誼。2014年內，有七十多人從世界各地前往瑞士，參加我們的價值無限會議。

　　我本來就喜歡運動，搬到蘇黎世後，我更熱愛運動。每週總有幾天要跑步或騎自行車，週末就帶著孩子去滑雪。

橋牌與投資

　　同樣的，我重新發現自己對遊戲的熱愛，尤其是因為金融海嘯讓我重新認識玩樂有多重要，以及不要過度嚴肅看待自己。大約從2007年起，我在熱心橋手巴布來的敦促下，開始模仿愛好橋牌的巴菲特、孟格和蓋茲，加入學習橋牌的行列。我起初參加曼哈頓橋牌俱樂部，學會基本原則後，我很快地就了解，橋牌不只是讓人愉快的消遣，還可以幫助我強化生活中的技能，更別提還能強化我的投資技巧了。

　　的確如此，橋牌在作為投資準備上，確實是最終極的遊戲。如果我要擬定一份價值型投資的課程表，橋牌無疑會成為其中的一部分。在我開始發現橋牌的精妙之處後，有人提醒我，孟格在演說人類錯誤判斷的原因時，提到一段跟投資有關的有趣說法：「正確的思考方法是理察‧查克豪瑟（Richard Zeckhauser）打橋牌

的方法，就是這麼簡單，你的頭腦自然不知道如何像查克豪瑟知道怎麼打橋牌那樣思考。」查克豪瑟是政治經濟學教授，也是橋牌冠軍，專業是哈佛的投資決策與行為財務學執行計畫，是研究極為不確定狀況中經濟行為的專家，寫過題為〈未知與不可知狀況中投資〉之類的論文。

對投資人而言，橋牌之藝術在於橋牌涉及偶然因素、機率思考和資訊不對稱。牌發下來時，你只能看到自己的一手牌，但是打牌時，牌戲中的機率和不對稱性質會變得相當微妙。例如，叫牌時，我可能問自己這樣的問題：「因為我右手這一家叫過2梅花，這點如何更新我對他所持有牌張的機率評估呢？」牌戲進行時，我可能發現自己可能在想：「啊哈，我的同伴攻出黑桃A，這樣一定表示她手上也抓了老K，不然就是黑桃短門。」

同理，我們投資時，就是根據有限的資訊操作。例如，不久前，我和巴布來一同研究了中國汽車與電池製造商比亞迪汽車公司，引發我們興趣的是《華爾街日報》的一篇報導，報導中提到孟格喜歡這家公司，還跟巴菲特提起這件事，於是巴菲特派他當時的首席副手大衛・索科爾（David Sokol）去中國，不久之後，波克夏出手投資，索科爾因而進入比亞迪的董事會。

身為投資人，我們開始對所有公開資訊，進行機率評估。例如，我們知道華裔美國人李祿替孟格管理財富，我們也看過孟格在公開談話中，把比亞迪執行長王傳福說成「是愛迪生和傑克・威爾許（Jack Welch）的綜合體——在解決技術問題上像愛迪

生，在完成他需要做的事情上像威爾許，我從來沒有看過這樣的人。」

　　分開來看，像這樣的個別資訊沒有什麼重要，卻能夠幫助我們建立範圍更廣大的實際景象，更新我們對這家公司的了解，促使我們要問究竟孟格、李祿、巴菲特和索科爾在比亞迪公司裡，看到了什麼其他投資人忽略的東西？

　　我記得當時曾跟巴布來談過，表達我對這檔股票的疑慮，因為這家中國公司位在我能力所及的範圍之外。最後，我過了一年多，才真正相信自己了解這家公司，能夠安心投資下去。巴布來的橋牌技巧比我厲害，投資起來，也不像我這麼愛規避風險，能夠比我早買進，因為他對自己從部分資訊推論的結果感到安心。他告訴我，得知巴菲特、孟格、索科爾和李祿都認為這檔股票是贏家非常重要。我選擇在資訊比較完整時買進，巴布來卻願意根據不完整的資訊行動，因此能夠用比我低很多的價格，買進比亞迪。

掌握機率推論的奧妙

　　我打橋牌時，只能根據不充分的資訊，尋找基本真理，橋牌幫助我認清——我們根本不可能徹底了解任何公司，我們從來沒有真正進入一家公司底部，因此，我們必須做機率推論。

　　金融危機後，幾乎每一個人都痛恨花旗集團、美國銀行和

摩根大通銀行之類的美國貨幣中心銀行時，這種思考方式特別有幫助。我仔細研究這些銀行，問自己類似打橋牌時的問題，如：「我到底怎麼能夠宣稱，自己了解摩根大通銀行2兆美元資產負債表中的細微差異？」答案是我不能。更重要的是，摩根大通銀行本身的經營階層也不能——至少不能十分精確地了解。但是，我可以利用對該行的資產負債表和獲利能力，做出有用的機率推論。我問自己：「這些公司表現將來可能比其他投資人的預期好還是差？」

同時，我在新聞中看到，巴菲特剛剛投資了50億美元，購買美國銀行的特別股。根據機率思考，對我來說，這點顯示他相信美國聯邦準備理事會（The Federal Reserve System，簡稱聯準會）決心確保貨幣中心銀行，能夠重建資產負債表。巴菲特的投資協助我了解：聯準會在這些銀行恢復健全和驚人的獲利能力前，絕不可能提高利率。對我來說，他考慮的這些可能性深具啟發性。就像巴布來指出的一樣，巴菲特投入銀行股可以遠遠回溯到1969年，而且他在投資銀行股上面從來沒有賠錢過。因為沒有人比他更善於投資銀行股，巴菲特的肯定認證意義重大。

此外，美國銀行的競爭對手中，至少有一半已經遭到淘汰，甚至使美國銀行變得更強大。因為銀行業的科技成本增加，小銀行競爭起來會很難。而且美國銀行面對的法律風險似乎比大多數人所知道的還小，畢竟埃克森瓦德斯號（Exxon Valdez）漏油事件發生二十五年後，訴訟還沒有結束。因此，看來銀行業可以把任

何訴訟拖延很多年，獲得充裕的時間，應付任何可能產生的求償成本。

　　我最後大舉投資一系列貨幣中心銀行，這些銀行的股價正如巴菲特、巴布來和我的預期一樣，後來反彈回升。我對橋牌的熟悉，幫助了我在這種不確定狀況中變得更善於操作。其中的關鍵可能是很多投資都極為不確定，但是風險其實沒有乍看之下那麼高。大家經常以為像我這樣的投資人會冒很大的風險，程度可能還略微超過賭徒。的確，許多魯莽的投資人絲毫不在乎虧損的風險，但是，他們在投資遊戲中通常不會存活太久。能夠長期生存下來的人會更精密地掌握風險，包括能夠看出什麼時候的實際風險遠比股價反映的暗示來得低。摩根大通銀行和其他貨幣中心銀行雖有很多不確定性，但是風險卻非常低。

與投資遊戲類似的西洋棋

　　不只橋牌遊戲能夠抓住我的想像，或是改善我的心智習慣，我也重新發現下西洋棋的樂趣。西洋棋是非常好的分析和型態辨識遊戲。我最初是在念哈佛時，愛上西洋棋，這點要感謝同班同學馬克・平克斯（Mark Pincus），他後來創設開發社交遊戲的辛加公司（Zynga），變成億萬富翁。我們當學生時，平克斯注意到我的宿舍裡，有一套沒有用過的西洋棋，因此，要我跟他下棋，結果他把我痛宰一番，於是我買了一堆西洋棋的書籍，期間我們

持續下棋遊戲,我的棋力水平逐漸提高,也慢慢開始能夠贏棋了。

畢業後,我成為曼哈頓西洋棋俱樂部會員,而且在逃避布萊爾公司恐怖的工作環境時,會在公園裡加入非正式的棋局,但是,我輕率易變的心智不夠平靜,因此,我的棋力始終只有半吊子的水準。

當時我根本不知道西洋棋除了好玩之外,還很有用。直到後來的幾年,我才逐漸了解西洋棋的玩法,確實有戰術上的好處。例如,西洋棋有數量龐大的棋譜,說明開棋技巧,以及毫無戒心的棋手通常在最初幾手、就快速輸棋的錯誤走法,起初我落入這種陷阱時,會很氣惱對手因為這樣似乎是以詐欺的方法贏棋。接著,我很氣自己輸掉一般叫做「抓鬼遊戲」的棋賽。隨著我加強研究西洋棋,我愈來愈不容易犯這些基本錯誤。

西洋棋有很多跟投資遊戲類似的地方。例如,會計作帳就充滿了抓鬼遊戲的花招,企業經常玩弄會計規則,提出具有欺騙意味的帳目——沒有戒心的投資人很容易受騙,認為這種情形沒有實際上那麼危險。

1990年代末期,我分析一家銷售法務保險的公司,法務保險這種產品像人壽保險一樣,由收取高額佣金的經紀人銷售,分析公司獲利到底多高的關鍵,在於算出招攬顧客成本的分期償付正確速率,這一點反過來要取決於顧客簽約後能夠維持多久。我認為,這家公司的帳目呈現過度美好的樣子,表現出來的未來展望會誤導投資人。這種做法讓我想到西洋棋中的抓鬼遊戲。因此,

我對這檔股票敬而遠之，爾後這家公司垮掉，引發訴訟和每個人的嚴重苦惱。除了根據此公司的可疑帳目，賭這家公司後勢不行做空的人例外。

我發現西洋棋還有另一層教育意義，一開始，我經常跟所謂的笨蛋棋手下棋，諷刺他們笨蛋，因為他們是根據情緒，而非根據慎重的分析便迅速出手。他們不可能或不願意採取考慮周詳的方式，做出決定。起初，我經常輸給笨蛋棋手，他們的棋步極度難以預測，害我緊張到喪失冷靜精神。但是，隨著我的棋力增強，我變成更有紀律，發展出能夠保持冷靜謹慎的理智強度，即使對手下棋時胡作非為，我也可以從容應對。

在金融市場裡，不論是業餘投資人還是專家，都喜歡魯莽的揮出全壘打，從熱門的科技股到宣傳過度的首次公開發行新股，每一種東西都要賭一把。有時候，這種冒險的瞎猜會得到驚人的報酬，吸引其他投資人跟進，做出同樣愚蠢的舉動。但是，我發現，如同下西洋棋，維持自己的紀律，追求長期比較有成功希望的慎重策略，最後會得到比較好的成果。2009年，很多投資人拋售股票時，再度表現出典型的愚蠢行動。我在這種遊戲中的對手不是愚蠢的西洋棋手，而是瘋狂的市場先生。我知道我只要努力保持冷靜，利用這種傻瓜賣出時的瘋狂時刻買進股票，就會得到好處。

我想到西洋棋冠軍愛德華·拉斯克（Edward Lasker）令人難忘的至理名言，他說過：「你看出一步好棋步時，要尋找更好的

棋步。」我把他的睿智應用在股票上，修改他的名言，經常告訴自己：「你看到一種好的投資標的時，要尋找更好的投資標的。」實際上，就像孟格指出的一樣，不管是棋步還是投資，大家通常會有喜歡某個概念的傾向，因為這個概念是第一個在我們腦中出現的構想。但是這個概念真的很優秀嗎？西洋棋強調即使腦部已經鎖定第一個概念，我們仍然需要不斷尋找更好的棋步。下西洋棋也會強化這種心智力量。

業餘漫遊中得到的投資啟示

同時，我從自己在橋牌和西洋棋天地的業餘漫遊中，得到另一個基本教訓。不錯，這些遊戲的確教給我有用的戰術教訓和心靈習慣，同時強化我意識到控制自己情緒的重要性。但是這些遊戲也教導我一個簡單的真理：這麼多年來，我實在過度認真看待生活了，我需要轉變成更為輕鬆歡樂的態度。因此，我不再把與工作相關的一切，看成是攸關生死的戰鬥，轉而開始用不同的精神，把一切視為遊戲一般看待。

我毫不懷疑平克斯一直都這樣做。他喜愛所有的遊戲，天生就把生活看成是一場遊戲，而且他的歡樂態度是他成功不可或缺的原因。我們的同班同學從哈佛畢業後，極多人急於接受金本位的投資銀行和顧問公司裡的無聊工作，大家都有一種常見的短視感覺，認為出學校後的第一個工作是攸關生死的決定，實際上，

從我們後來所走的事業生涯直接來看，第一個經常是無關緊要的
工作。

　　雖然我們很多同學在畢業前一年，就已經安排好自己的肥
缺，平克斯卻不清楚自己離開哈佛後要做什麼，他只是尋找能夠
引起他興趣，可以讓他繼續遊戲人生的公司。因此，他前往丹佛
郊區，替美國有線電視事業電訊傳播公司TCI的約翰·馬隆（John
Malone）工作，學習跟通訊產業有關的經營理念，後來的發展
證明這些智慧是無價之寶。當更有吸引力的機會出現時，他就離
職，創立自己的公司。當年我到舊金山去探望他時，他告訴我：
「這種事跟你賺多少錢無關，跟改變世界有關。」

　　賈伯斯對生活抱持類似的歷險和玩樂態度，就像他在史丹佛
大學畢業典禮上發表的「虛心若愚」演說中，出其不意提出的說
法一樣。同樣的，巴菲特把投資業務當成遊戲，很少做出會危害
日常幸福快樂的事情。

　　我熬過金融危機後，更注意這種比較輕鬆愉快的做法，我遵
循巴菲特的榜樣，不再強迫自己做不想做的事情。從那時候到今
日，我依舊努力工作，卻完全依照自己的時間表工作，如果我白
天想打瞌睡，我就小睡一下。2009年內，我的基金表現驚人，主
要感謝我在崩盤時買的那些股票。一位事業上的朋友告訴我，我
應該出去推銷自己、敲鑼打鼓，吸引更多人投資我的基金。我告
訴他：「我不希望這樣做，我想要過快樂的生活，不需要擁有最
大的基金。」

　　這種態度無疑會促成比較寧靜快樂的生活，但是我猜想，這也使我變成比較好的投資人。比方說，你在平靜的池溏中丟石頭時，你會看到漣漪。同樣的，如果我希望在投資中看到非常好的概念，我需要平和而滿足的心靈。這點提醒我，聯想巴布來常常引用法國哲學家布萊茲‧帕斯卡（Blaise Pascal）說的話：「人類的所有問題起源於人不能安靜的一個人在房間裡坐著。」我在蘇黎世生活有眾多好處，沒有一個好處勝過此刻的心滿意足。當我有這種感覺時，正確的投資構想會源源不絕湧上。讓人驚訝的是，這些點子時常是在我騎自行車，或是享受其他與市場無關的活動時突然蹦出來。

　　雖然如此，一些專業投資朋友看到我前往印度之類的地方旅行，都困惑不已。其中一位嘲笑我，「老蓋，這些事情可不會助長你的投資報酬率。」我必須解釋說，我不再汲汲營營一心想變成最偉大的投資人。我的目標不再是變成巴菲特──即使我有能力如此。我的真正任務是變成更真誠的自我。

　　在我的基金公司最近一次的股東會上，會場上有人問我，我處理賣股票程序的功夫如何，我回答說：「十分拙劣。」我多少有開玩笑的意思，卻也表現出無憂無慮的誠實態度，因為我不相信有人特別善於處理賣股票的程序。我們全都可以宣稱自己有明確的規則──例如，聲稱在股價跌到真值的80%時，必須把股票賣掉。但事實上，這是不精確到讓人難以置信的科學。根據純理性的基礎考慮，我的投資組合中有好多檔股票，可能都需要賣

掉，我卻總是緊緊抱著，原因之一是我現在努力地管理自己，而不只是管理投資組合而已。而且我相信，如果我掌控了本質中喜歡見到黑影就亂開槍的特性，未來幾十年裡，我的投資報酬率會更好。更重要的是，我公開坦承自己並不特別善於賣股票，我不再想用我的聰明才智對別人炫耀，或說服別人投資我的基金，現在我注重誠實的描述自己，而不是注重銷售。如果大家願意跟我和家人一起投資，我會很高興，如果大家不願意跟著我們一起投資，我不再會像過去感到遭受拒絕的痛苦。畢竟，這不是攸關生死的事情，也不是致命的戰鬥。

但是如果我得一切開誠布公，我內心深處仍然永遠不可能忘掉金錢是攸關生死存亡的事情，這完全是我天性的一部分。我在知識方面，看出把股市當成遊戲有很多好處，我從不懷疑以這種比較歡樂的方法應對，可以改善投資績效。但是我也知道，我的股東的終生積蓄暴露在風險中，因此，投資可以是一種遊戲，但是對我而言，投資是至為嚴肅的遊戲。

第十章
投資工具──建立更好的程序

> 我只想知道我會死在什麼地方，
> 這樣我就可以永遠不去那裡。

　　如果螞蟻可以用一些簡單的規則，發展出極為複雜的生存策略，投資人可以嗎？我們是否可能創造出一套強而有力的類似規則，讓我們的投資決策更精明、更不容易受到已經扭曲的不理性大腦影響呢？

　　下面是思考這件事的另一種方式：據說人腦是靠著12瓦特的電力在運作──換句話說，只需要一盞60瓦特燈泡電力的五分之一，看看今天某些電腦消耗的電力，就知道這點電力根本微不足道。但是，我們卻期望這種相當微小的硬體，做出跟投資有關、又複雜之至的計算，甚至厚顏無恥地希望自己能做出正確的計算。

建立一套自己的投資程序

　　我們討論過要把競技場扭轉成對我們有利的方法，其中一種方法是：建構我們更能理性操作的環境──或至少沒有那麼不理

181

性。但是我們還可以利用另一種工具,如果我們希望做出比較好的投資決定,發展出可以持續應用的一系列規則和固定做法,會有無窮的幫助。

我在金融海嘯後,努力建立結構較嚴謹的投資方法,以便為我的行為帶來更有規矩的秩序、更容易預測的特性,同時降低決策過程中的複雜程度。因為腦部的處理能力有限,簡化一切程序,才能使腦部有限的處理資源有效充分運用。我發展出來的規則涵蓋範圍廣泛的重要綜合投資過程,包括我研究股票時所看過的素材(閱讀的順序如何);我跟誰討論過(拒絕跟誰談過)潛在的投資;我應該如何跟公司的經營階層打交道;我如何交易股票;以及我是如何跟我的股東溝通。

這些規則當中,有些可以廣泛運用,有些因為比較特別,可能比較適合我,而不適合你。此外,這些規則是仍然還在發展中的戰略,我一直在根據對我最有用的經驗,修正這些東西。然而,我深信,如果你開始以這種具有結構性和系統性的方式,思考你自己的投資程序,這些規則對你會大有幫助。以飛機駕駛員為例,他們把一套明確的規則和程序內化,用來指引他們的每一個行動,確保自己和乘客的安全。如果投資人渴望得到優異報酬率,卻又不想承擔過度的風險,應該遵循飛機駕駛員的例子,為什麼?因為投資像飛行一樣,人為錯誤可能是棘手問題。

如同我對投資生涯許多事情的看法,這些理解都是得自我跟巴布來的談話。在我們2009年的印度之旅中,我向他請教各式各

樣的事情，包括他的股票交易方法。顯而易見，他以非常合乎邏輯的方式思索這些問題，並建立規範他所有作為的規則。例如，我們後面會談到，他決定不在市場開放交易時段中委託買進或賣出。

從這次旅行回來後，我對自己說：「小子，這些事情你完全做錯了。」巴布來天生與我就有很多相異之處，包括在情感上比我更有準備，更願意或有能力接受較多明顯的風險或不確定性。因此我決心模仿他，在我自己的投資程序中引進這種嚴格的分析做法。接下來是我後來訂出的八項規則、固定做法和習慣。這張清單絕對不算完整，但是，我希望能夠讓你略微了解至今我所學到的東西。

不再查看股價

我定居蘇黎世後，刻意決定繼續租用彭博資訊終端機。但是，每天早上我去上班時卻不開機。到現在為止彭博資訊機已持續關機數週了，不過這只是我擺脫市場混亂雜音的做法之一。

很多投資人不但每天查對自己的持股股價，偶爾還會每分鐘都查看股價。我們的腦海中有一個特別的小毛病，讓我們多少認為股票知道我們正在注視著它，甚至我們可能有一種困擾自己的恐懼，害怕一旦沒有時時刻刻關注股價，就會發生不好的事情。或許在我們沒有注視著股價時，突然會有某一件大新聞橫掃股

市，股票會因此爆炸。投資人看著監視器上的股價，會得到一種虛假的安心，認為一切安然無恙，地球繼續在正常的軌道運行。

問題是股價的持續波動是一種採取行動的號召。如果我看到閃亮的股票代號從彭博資訊螢幕上閃過去，就是在提醒我體內那個不理性的頭腦——我需要採取某種行動。如果你正在投機最近熱門的生技股或網路股，監看每一次瘋狂的來回波動，或許還有道理：某家券商可能發布極為利多的報告，造成其他投機客蜂擁而入，你的股票可能突然間暴漲20％。但是我努力設法用比較慎重的方式投資，希望買進的是即使不是永遠、也可以長久持有的股票。巴菲特說過，我們投資的公司應該是即使股市明天就會關閉，而且五年內不會重新開放，我們也樂於擁有的公司。

我不能把我的監視器關掉五年，因為我每個月必須評比一次基金資產淨值，寄更新過的月報表給股東，說明他們在合夥組織中持股的價值。但是如果我只管理自己的帳戶，我會制訂一種系統，讓我一季、甚至可能一年才看自己的持股一次。目前我每週查對自己的持股價值的次數不到一次。當你不查看股價時，看到投資組合表現依然良好，會讓你極為寬心。此外，我特別設定電腦或彭博資訊機，防止機器在螢幕上一口氣整頁顯示我所有持股的價格。如果我需要查看某一檔股票的價格，我必須個別查看，才不會同時看到所有持股的價格。如果非必要，我也不想查看其他股票的價格，任由一大堆要我採取行動的號召，對我不理性的大腦發動攻擊。

這些雜音都沒有必要在意，但對我可憐的大腦所產生的影響，卻值得略微多加思考。過度頻繁查看股價，會耗盡我有限的意志力，因為光是為了抗拒要我採取行動的號召，我就必須動用不必要的心力。我的心力是稀少的資源，我希望把心力花在更有用的地方。

我們從康納曼和阿摩司·特沃斯基[1]的行為財務學研究中，可以知道投資人虧損時，所感受到的痛苦是獲利時快樂的兩倍。因此，我需要保護自己的腦部，以免看到持股或市場下跌時出現情緒風暴，侵害大腦。在二十年之久的期間裡，如果市場只有正常波動時，大多數的年度裡，股價通常都會上漲。但是如果我太頻繁地查看，看到股價下跌的可能性會高多了〔塔雷伯在他的傑作《隨機騙局》（*Fooled By Randomness*）中，曾經詳細解釋過這一點〕。這麼說來，明知短期下跌會對腦部發出一切錯誤信號，我為什麼要讓自己落入這種可能產生負面反應的困境中？

總之，從我投資的公司類型來看，我不必知道這些公司股價的日常變化。我投資的公司幾乎是長期結果無法改變的企業，都是正向前進的公司，真正的問題只是前進要花多久時間而已。巴菲特的持股顯然都具有這種相同的寶貴特質，事實上，他用「不可避免的」說法，描述他期望得到的最後良性結果。看看他的伯靈頓北方聖太菲鐵路運輸公司（Burlington Northern Santa Fe）持

1.阿摩司·特沃斯基（Amos Tversky），著名認知心理學者、數學心理學家，是認知科學的先驅人物。

股，毫無疑問的，隨著美國經濟成長，美國的建設愈來愈完善，加上鐵路產業的整合，這家公司的運輸網路會變得更有價值。此外，沒有人會在這條鐵路旁邊鋪設一條鐵路，跟這家公司競爭，因此，伯靈頓北方聖太菲鐵路不會遭到取代。

如果你投資的是這種優勢不會改變的公司，就算關掉彭博資訊監視器，捲在沙發上看書，應該也沒有關係。巴菲特從美國運通和可口可樂之類的公司，賺到幾十億美元，畢竟不是靠著監看毫無意義的日常股價波動賺來的。

規則一：盡量少查看股價。

如果有人想把什麼東西賣給你，別買

早年捲入紐約旋渦中的日子裡，我操盤的基金報酬率很高，卻似乎沒有人正視我，讓我感到受傷。接著我的事蹟一定是被人登錄在很多種資料庫上，因為電話鈴聲開始響個不停，每一個人都想賣東西給我，經紀商打電話來推銷股票，業務代表打來推銷高價的研究系統、投資理財雜誌、新的電話服務和無數其他產品。起初，這些電話似乎是象徵我事業成功的指標，因為所有對我的關注都讓我出名。但是，我很快就看出，當我購買業務人員向我推銷的商品時，做了不少差勁的決定。

問題出在面對天才業務員道理十足的詳盡推銷攻勢時，我的大腦（你的大腦也非常可能如此）極不善於做出理性的決定，因

此，我決定採用對自己特別有好處的簡單規則。當有人打電話來向我推銷任何東西時，我會盡量愉快地回答說：「對不起，但是我有一個原則，我不准自己購買別人推銷給我的東西。」

業務人員驚恐之餘詢問：「那你要怎麼挑選適當的電話服務？」推銷股票的分析師會說：「難道你不認為這檔股票是超級好股嗎？」

有時候，他們偶爾是對的。也許理論上，我應該改換電話服務，或採用他們精彩的投資構想。但我根本不願意這樣做，短期內，堅持這個原則我可能會錯過什麼東西，但是，如果把時間拉長到一生來看，擺脫那些為了本身利益而催促我買東西的人，我所能得到的好處無疑更多。這是「反向選擇」的簡單運用，就像孟格開的玩笑：「我只想知道我會死在什麼地方，這樣我就可以永遠不去那裡。」對我來說，別人正在銷售的投資標的，就是我真的不該去的地方。

我甚至把這條規則運用在雞尾酒會上。若是有人告訴我，他們擁有什麼超級好股，或希望我投資哪些未上市公司時，我可能聽他們說說，可能會有點動心，甚至可能受到誘惑。但是，如果他們可以從我的買進過程得到什麼好處的話，我就絕對不會買。有時候，這種好處可能不是銷售佣金或任何其他財務利益，可能只是他們從賣出自己的構想當中得到的心理認可。無論如何，這都是我的禁區，因為構想的起源錯誤，出自賣方的個人目標。

巴菲特如同以往，比我先了解這一點。例如，他有一條絕

不參加公開喊價拍賣會的規則。我在他的引導下,從來沒有投資過首次公開發行的股票,以後也很可能永遠不會。一家公司公開上市時,背後一定有華爾街所有扭曲人心的銷售力量在支撐。有些新上市股票當然可能搭上順風車,扶搖直上。但是,因為出源是有問題的,因此,把所有新上市股票從我的買進名單中一筆勾銷,會讓我感到比較安全,即使這樣表示可能錯過某些贏家股票也在所不惜。

規則二:不買進賣方可以從我的買進中獲利的商品。

別跟經營階層談話

我不希望跟我所研究公司的經營階層談話,出於大致相同的原因。很多精明的投資人會不認同這一點,他們認為定期接觸高級經理人可能有些好處,而且接觸高層的可能性或許是有用的行銷工具,可以吸引既有的股東,也吸引一些不知道與經營階層談話可能有害的潛在投資人。

這樣說聽起來可能有點離經叛道,但我自己的經驗是:跟經營階層密切接觸,更可能傷害我的投資報酬率。問題在於高級經理人通常是技巧特別高明的業務人員——尤其是執行長。姑且不管他們的事業表現如何,但他們都有能力讓聽者相信公司前景樂觀。這種爭取聽眾的能力——包括董事和股東,可能就是他們得以爬到企業食物鏈頂端的最重要的才能,但是這種瞎扯淡的能

力，不見得能夠讓他們變成可靠的資訊來源。

　　我並非意指執行長、財務長和其他高級經理人存心不良或不道德，更沒有無禮地暗示到這種程度的意思！只是他們的工作、目標和技巧引導他們以強調積極面，淡化任何企業問題，把麻煩當成暫時性問題，或問題可以解決的方式呈現企業資訊。他們沒有絲毫惡意，但卻可能下意識中扭曲資訊。但是這一點無關緊要，我知道自己的理性有限，寧可不暴露在這種可能造成扭曲的影響中。令我感到特別危險的是，一般投資人總是讓經營階層協助他們建立對一家公司的第一印象。

　　我知道有些基金經理人會自行研究，然後說：「我需要跟經營階層見面，才能安心。」但是誰知道經營階層會用什麼方式，擾亂他們的思緒？如果我必須見執行長，才能了解自己為什麼應該買這檔股票，見執行長反而是嚴重的警訊。從我過去其他所有的研究中，這一點早該一清二楚才對。如果我希望評估經營階層的經營素質，我寧可用超脫而客觀的方式，研究公司年報，透過其他公開資訊和新聞報導等間接方式觀察，而不是冒險闖入他們的扭曲陣地中，直接跟他們一對一的見面。

　　事後回想，我知道自己是觀察巴布來，才相信自己不應該再跟經營階層談話。2008年，我們第一次討論這件事時，我渾然不知這種觀念，因為這種想法跟凡俗之見大異其趣，甚至跟價值型投資人的想法相左。現在我才覺得奇怪，為什麼我花這麼久的時間，才了解這種簡單的做法可以消除非常多的雜音。

規則三：小心執行長和其他最高級經營階層，無論他們看來多有魅力、多有說服力、多麼親切。

規則的例外：波克夏公司董事長兼執行長巴菲特，以及人數日漸增加的少數執行長〔如楓信金融、露卡迪亞（Leucadia National Corporation）、馬克保險（Markel Insurance）等公司的執行長〕，他們十分認真地看待，並設想如果自己是股東會期望得到什麼資訊，而以此角度與對方分享想法。

收集資訊的順序要正確

我們從孟格有關人類錯誤判斷的演講中，知道最先進入大腦的想法，通常會變成留在腦內固定不變的想法。他解釋說：「人腦很像人類的卵子，人類的卵子具有關閉機制，一隻精子進去後，卵子會關閉起來，讓下一隻精子進不去。人腦也具有相同的重大傾向。」如果這種說法正確無誤，我在收集研究資料與探索投資構想的順序上，就必須極為小心。我評估這些東西時，希望站在優勢地位上，而不是站在弱勢地位上，如果構想得自銷售人員，會讓我立刻處在弱勢地位上。因此，如同我們先前所討論，我會排除所有銷售人員提供的構想。我不希望讓銷售方分析師的宣傳（不管理由多麼充足），變成第一個偷偷埋伏在我腦海裡的概念。

但是如果我尊敬的朋友或同儕建議，注意一檔他們認為我

應該買進的股票時，我該怎麼辦？光是聽別人敘述這種概念都是
不理想的狀況，因為如果精明的人告訴你，為什麼那些東西非常
好時，任何投資人都會難以超然而理性地應付這種狀況。因此，
我會試著打斷他們的話，說「哇，聽起來真的很有意思，我們討
論前，先讓我好好研讀一下，這樣我們就可以深入地探討這檔股
票。」之類的話。

　　如果我跟這個人有業務關係，我可以告訴他們：「我很想
聽你的投資構想，但你可不可以寫成文字寄給我？」如果他們抗
議說：「噢，我一定要先跟你談一談。」我會堅定告訴他們我不
能跟他談。在社交上，堅持先拿到用文字敘述的原則似乎有點奇
怪，但是，從研究過程中盡量排除熱度和情感很重要。根據我的
經驗，我在過濾閱讀素材的能力，遠比過濾聽到的話擅長多了。

　　一旦我認定某個投資概念希望濃厚，足以促使我進一步研
究，我仍然必須小心翼翼，根據正確的順序進行研究。對很多投
資人來說，這點似乎不重要，但對我而言，閱讀這些素材的順序
十分重要，因為最先閱讀的東西對我會有直接的影響。

　　我的習慣做法是先看最不偏不倚、最客觀的材料，通常是
公司的公開申報文件，包括股東會年報、年報、季報和委託書聲
明。這些東西並不完美，準備時卻需十分小心謹慎，在美國尤其
如此，還要通過律師審查，公司不希望遭到控告，因此希望提出
投資人可以依賴的財務報表。會計師的核閱報告也很重要，會計
師偶爾可能會承受沉重的壓力，要忽視異常之處，簽署財務報

表。但是會計師的核閱聲明也可能巧妙地傳出信號，表達言外之意。閱讀財務報表比較像是藝術，比較不像是科學。即使看來並不明顯，你偶爾還是會感覺到，經營階層有意提供少量可能有用的資訊給投資人。就像玩梭哈一樣，連附注中都可能出現潛意識透露出來的訊息，讓你覺得可能有什麼地方不對勁。

股東會年報中經營階層的說明信函也很重要，這封信是公關吹捧文章，還是真心希望把實際情況告訴大家？我希望避開喜歡吹捧和展現最美好一面的公司。相形之下，波克夏公司發布發行B股的文件時，就曾經坦白表示：巴菲特和孟格不會以這種價格買進B股。

研究完公司申報的文件後，接著我通常會轉向比較不客觀的公司文件，如宣布盈餘的聲明、新聞稿和法人說明會紀錄。跟公司或創辦人有關的書籍中，或許也可以收集到有用的資訊，因為製作這種書極為耗費時間，如果這種書並非宣傳之作，還是相當有用。有時候，這種書非常有深度，我甚至會在看公司申報的文件前，先看這種書。第一次研究波克夏公司的投資人，最好先看羅文斯坦和舒德寫的巴菲特傳記。同樣的，研究沃爾瑪公司時，創辦人山姆‧沃爾頓（Sam Walton）的自傳《縱橫美國》（Made in America）是很好的起步。

這些跟資訊順序有關的觀念看來似乎有點老掉牙，但是運用之妙存乎一心，可能會有重大影響。我希望靠著不斷改善吸收資訊的方法，為將來多年的成功創造更好的狀況。然而，每個人天

生不同,因此我的健全與平衡資訊清單跟你的可能不同。《華爾街日報》曾經指出,巴菲特的辦公室裡有一台小電視機,停在國家廣播公司商業新聞台的頻道,但是音量轉為靜音。而我卻覺得工作時有電視在,會以有害的方式刺激我的腦部,形成極為嚴重的干擾。

我也試過(偶爾會失敗)盡量不上網,以免網路引領我走向上千個不同的方向,閱讀一頁網頁以及跟其他資訊的所有聯結,要花很多心力,我不希望自己的頭腦思路猛然受到牽引。因此,我寧可閱讀《華爾街日報》、《金融時報》、《經濟學人》(*Economist*)、《霸榮周刊》(*Barron's*)、《財星雜誌》(*Fortune*)、《彭博商業周刊》(*Bloomberg Businessweek*)和《富比世》之類實體的東西,以及《美國銀行家》(*American Banker*)和《國際鐵路學報》(*International Railway Journal*)之類比較深奧的出版品。

然而,我會在研讀企業申報的文件前,避免先看新聞報導。可以提供有用文字報導和見解的好記者很多,但就我的目的而言,不把新聞報導列為優先閱讀是很重要的一點,因為新聞報導經常沒有提供實質內容,卻能讓我的腦部得到採取行動的理由。企業申報的文件是我的基本飯菜,雖然較難入口卻比較營養。

至於證券商出版的股票研究報告,我很少看也從不依賴。一旦我完成其他所有研究,有時會拿起這種報告,以便了解華爾街如何看待一家公司或一種產業。但是我會留意把此類報告列為最

後才閱讀的項目，以便先形成自己的印象。我不否認有不少精明的人在銷售面工作，他們偶爾會提供發人深省的見解，尤其是跟產業動態有關的看法。因此，排除整個銷售面的人既不聰明，又不公平。但是他們的報告都是由券商出錢做的，我在閱讀的同時等於暴露在華爾街這種強大的銷售機器中。而且，我創造的這些投資習慣，目標就是要破除跟市場走上相同步調，因為跟著市場亦步亦趨，等於是為成績平平打包票。

　　規則四：注意你吸收資訊的順序，吃完基本飯菜前，別先急著吃甜點。

只跟沒有私心的人討論你的投資概念

　　現在的我看來很怪異，像是社會棄兒和可怕勢利小人的綜合體，因為我拒絕跟執行長、銷售方的任何人或分析師談話。這些人當中，無疑有很多人是魅力十足的誠實公民，有著房屋貸款要繳，有著天使般的子女要養。但是，我認為他們的基本銷售目標具有致命的缺陷，因此，實際上有沒有什麼人是我樂於跟他們談潛在投資標的的呢？問得好，謝謝你問這個問題。

　　如果我需要別人的觀點（我經常需要），我發現找購買方值得信任朋友的意見比較有用。這些年來，我跟投資專家有過十分寶貴的討論包括：史立普、霍恩、艾克曼、史蒂文‧華爾曼（Steven Wallman）、貝尼洛、史坦因、丹堤‧艾伯丁尼（Dante

Albertini)、約拿旦・布蘭德(Jonathan Brandt)和葛瑞格・亞歷山大(Greg Alexander),他們全都在無意試圖教導我的情況下,教了我很多東西。根據我的經驗,一同討論投資的夥伴不但要聰明,還要有能力在談話時排除個人自尊心,因此,這種討論通常會好玩又有趣,不會擾亂我平靜的心靈。我最常跟巴布來討論潛在投資標的,原因之一是他的分析才能破表,原因之二是他沒有私心。

我發現,有關投資的討論要得到最好的效果,應該遵守我從青年總裁協會(Young Presidents' Organization)借用的三個基本規定。第一、討論必須嚴格保守祕密。第二、雙方都不能告訴對方該怎麼做,因為這樣通常會讓對方覺得你在評斷他,因而變得具有防衛性。事實上,假設你連對方是否想買賣股票都不知道的話,還會更好,因為知道會擾亂一池春水。第三、雙方不能有任何業務關係,因為這樣可能扭曲討論,有意無意地影響財務目標。在這種討論中,最重要的因素是互信,除非對方明確允許,否則不能採取任何行動。如果我有興趣買這檔股票,或有興趣跟別人討論這檔股票,我需要問清楚是否可以這樣做。如果對方不允許,我就不能這樣做。

這種討論的目標不是要找到「正確答案」,或從事知性的辯論,而是要分享彼此的經驗和資訊。要達成這種目標,提出開放性的問題會比較有用,例如,不問一家公司明年會賺多少,而是改問「他們要怎麼做,明年才能產生很多現金?」

我記得自己跟夏伊‧戴達西帝（Shai Dardashti）有過一次明確的談話，戴達西帝是我朋友，也是基金經理人，他准許我將我們之間的討論與大家分享。當時他正在研究美國運動鞋廠商蓋世威公司（K-Swiss），我曾經深入研究過耐吉公司，也探討過耐吉贊助網球和足球的影響。在討論過程中，我沒有告訴戴達西帝其實蓋世威是運動鞋業界中普普通通的公司，而是建議他列出二十大網球好手的名單，看看是什麼公司贊助他們，然後估計在通常屬於贏家全拿的市場上，哪些好手能夠吸引最多的觀眾。戴達西帝這樣做完後，發現蓋世威只贊助一位網球好手，耐吉卻贊助六、七位——顯示蓋世威要侵奪耐吉的市場占有率是難上加難。我們的討論過程，從來沒有談過戴達西帝是否已經擁有蓋世威的股票，或是考慮買這檔股票，但是我猜我們的討論有助於釐清一點，就是這家公司並不是最適合他投資的標的。

規則五：匯集你和其他投資人的知識，但是堅持跟能夠抑制自尊的人討論。如果對方是巴菲特、孟格或巴布來，那就更好了。

盤中絕不買賣股票

華爾街的設計很完美，善於利用人腦中的弱點。例如，肆無忌憚的證券商會精心打造各種腳本，讓旗下營業員通知他們的靶子——我指的是他們的客戶——說服他們購買特定的股票。這樣做的根本目標是為券商創造利潤豐厚的交易活動。身為長期投資

人，我獲取利益的方式跟華爾街截然不同，我只需要投資少數幾家非常傑出的公司，然後緊緊抱著，動也不動。而華爾街則是靠頻繁的交易牟利，我和我的股東則是靠著潛伏不動獲得回報。

為了幫助自己動也不動，我需要一系列的斷路器，讓自己慢下來，也防止自己突然行動。其中有些例行公事和程序明顯之至，看來好像連提都不值得一提。但是我發現這些做法非常有用，而且不必耗費什麼力量或精神就可以做好。

買賣股票時，我需要跳脫市場的價格走勢，因為價格走勢會激發我的情感，刺激我的行動欲望，擾亂我的判斷。因此，我在巴布來的啟發下，訂出不在盤中交易股票的規定。我寧可等到收盤後，才發電子郵件給我的兩家經紀商之一（我寧願不跟他們直接談話），要求他們隔天以平均價格，交易股票。我不打算勝過市場，因為我不希望捲入市場持續不斷的情緒波動中。就像葛拉漢說的一樣：我們必須把市場變成我們的僕人，而不是變成我們的主人。

若遇有特別急迫的原因，需要在市場開盤時交易股票，我偶爾會打破這條規定。推動所有的規定時有一個重點：不要讓規定變成緊身衣般的束縛，而是靠規定彈性地指引我的行為，走向比較健全的方向。以這條交易規則來說，真正重要的精隨是讓自己擺脫市場的羈絆。

相形之下，早年我剛剛擔任基金經理人時，公司裡還設有交易檯，這種做法很糟糕，甚至比裝設彭博資訊的終端機還糟糕，

因為這樣是把市場搬到自己公司辦公室的中心。我以前也習慣直接跟交易員談話，交易員會問我：「你希望我看看交易廳，了解一些市場動態嗎？」之類的問題，我知道的東西不比他多，因此，就讓自己暴露在令人頭暈目眩的市場行動中，獲得所有資訊讓我誤以為自己強而有力，形成自己可以一手掌控情勢的幻覺。

我現在卻認為，我們根本天生就無法妥善處理這種持續不斷的價格資訊洪流，而我卻花了很多年時間，才真正學到這一點而發展出紀律，堅定坦言：「我就是不要理會一切雜音。」起初這會讓人很害怕，但是根據我的經驗，你將因此感到無限解脫。

規則六：跟市場保持一段安全的距離，別讓市場侵入你的辦公室或腦海中。

若股票在你買進後暴跌，兩年內不要賣

股票暴漲時，賣出可能很快樂，卻也可能苦樂參半，如同要與老朋友分開。而當股票暴跌時，賣出甚至可能讓你更加憂心忡忡，畢竟面對一項害你虧了很多錢的投資，要做出理性的決定很不容易，因為負面的情緒如悔恨、自怨自艾和恐懼皆可能造成原本清楚思考的能力短路。巴布來發展出一條規則，應付這種情況的心理力量——如果他買了一檔股票後，這檔股票價格下跌，兩年內不准自己賣掉這檔股票。

他在我們跟巴菲特共進午餐時，跟我解釋這條規則，因為

這條規則太有道理了，我立刻跟著採用。這條規則再度成為斷路器，讓我能夠慢下腳步，提高做出理性決定的機率。更重要的是，這條規則會強迫我在買進一檔股票時，變得更加小心，因為我知道必須至少跟自己的錯誤共同度過兩年，了解這條規則，成功協助我避開許多差勁的投資。事實上，我在買股票前，都刻意假設這檔股票會立刻下跌50%，並且詢問自己是否能夠承受這種狀況，然後只買進假設這種情況真的出現時，我在情感上應付得來的數量。

巴布來的規則是從巴菲特經常跟信徒分享的重要理念演變而來，巴菲特曾說過：「我可以改善你最後的財務福祉，方法是給你一張只有二十個孔洞的卡片，這樣你只能打孔二十次——代表你一輩子必須做的投資次數，一旦你把這張卡片打孔完畢，你就再也不能投資了。根據這些規則，你必須真正慎重思考你要做什麼，你會被迫買進自己確實徹底思考過的東西，因此，表現自然會改善。」

規則七：買任何股票前，確定你喜歡這檔股票，就算一買進，股價隨即腰斬，你都願意至少持有兩年的程度。

別公開談論你目前的投資

這麼多年來，我逐漸了解公開談論持有的股票是餿主意，問題不是其他投資人可能盜用我最好的構想，真正的問題是這個舉

動可能擾亂我的身心。一旦公開說明，即使我們後來為這種意見
後悔，在心理上還是難以收回已經說出去的話。因此，我最不願
意踏進針對一檔股票發表公開聲明的陷阱，因為後續發展可能改
變，或是我可能會發現自己的觀點錯了。第一次聽到這種概念，
是在孟格談論人類判斷錯誤的原因時，這些話促使我研讀席爾迪
尼的大作《影響力》（ *Influence :Science and Practice* ）。席爾迪尼
把我們頭腦天生具有的這種特性，描述為「承諾與一貫性原則」。
為了說明這個概念，他談到一項1966年所做的心理學實驗，這
項實驗內容是詢問帕羅奧圖的居民，是否願意做能夠協助整個社
區的事情，且不會花太多錢。幾天後，實驗單位要求居民在自己
的前院草坪上，樹立一塊難看的告示牌，阻止駕駛人在社區裡開
快車。先前承諾願意以費用不多的行動協助社區的居民，發現非
常難以改變自己表明過的立場，因此他們大都覺得有必要在自己
的草坪上，樹立一塊難看的告示牌。同樣的，如果你告訴一個小
孩，你要請客招待他，小孩可能回答說：「你說話算話吧？」他
們直覺地了解大家決定立場後，就會很難推翻自己。

我在名叫艾夫奇生涯控股公司（EVCI）的股票上，有過第
一手的這種經驗。我大概在2003年買進這檔股票，一年半內，
這檔股票暴漲7倍，使這檔股票變成當時我投資生涯中最賺錢的
股票。就像我們後面會討論到的一樣，我應該把這檔股票全部賣
掉，但是我曾經接受《價值型投資人洞察》（ *Value Investor Insight* ）
雜誌的專訪，稱讚艾夫奇公司是我投資能力高超的證明。因此，

我等於公開投資在這檔股票上，即使這檔股票已經漲到不便宜的價位，我還是不能捨棄這檔股票，後來這檔股票因為種種原因而股價腰斬。事後回想，如果我從來沒有談論過這檔股票，我的際遇會好多了，因為一旦情勢改變，若我要賣股，會有更大的回旋空間。

然而，我還是花了很多時間，才能根據這點認知，不再公開談論我的持股。有時候，我還是必須揭露我的所作所為，例如，在我的基金遭到金融海嘯沉重的打擊後，我必須安撫股東，以免他們灰心喪志，我花了很多時間，跟他們談論科瑞西公司和倫敦礦業之類的目前持股，清楚說明這些是股價雖極為低落但是潛力十分雄厚的股票。

2010年，我的基金急遽反彈回升後，我終於改變自己的做法，不再於公開場合談論自己目前的投資，如股東會、記者專訪和寫給股東的公開信中。起初要執行改變並不容易，一旦你在市場上創造了一種期望，要反其道而行時，大家就會覺得受騙了，但是這種程序上的改變，值得你冒觸怒少數人的風險。

我對這條規則並不堅持己見，如果只是跟股東私下聊天，我最後還是可能談到我們持有的某一檔股票，但即使是在這種私下談話中，我都努力保持中立和低調，抗拒熱心談論我認為這檔股票非常好的原因，因為我知道未來要做出跟此刻談話不一致的決定可能有多難，因此，為什麼要在可以輕易避免的時候，自找這種可能會發生的麻煩呢？

　　我現在不再於股東的會議上討論基金目前的持股明細，而是改為提供那些我已經賣掉的股票的詳細事後檢討。如此一來，可以讓股東清楚看出我如何運用他們的錢做投資。但是，這並不會干擾我將來盡量保持理性行動的能力。對我來說，的確可以移除一種心理負擔。我認為，大部分散戶也可以從不談論現在的投資方面得到好處開始，因為討論只會讓你更難理性操作。若你不必擔心別人會如何怎麼判斷你，操作起來會相對容易多了。

　　規則八：不要公開談論你的投資，否則你總有一天可能會後悔。

第十一章
投資人的檢查清單——
從外科醫生學到的生存策略

檢查清單能夠幫助記憶，
尤其是幫忙記起「容易忽略的平凡小事」。

即使建構了精美的環境和一套強而有力的規定，我們仍然會把事情搞砸。頭腦的設計根本不是為了讓我們以小心翼翼、又合乎邏輯的方式，在我們的投資決定可能形成的所有結果中運作。企業和經濟天地極為複雜，加上我們面對跟金錢有關的問題時常會失去理性，保證我們會犯許多愚蠢的錯誤。到目前為止所討論的習慣和程序，應該可以協助我們更靠近正確的方向，但是另外還有另一個極為寶貴的投資工具，值得我們用一整章來討論，這樣工具就是——檢查清單。

投資決策的最後一道防線

製作檢查清單，目的是要避免明顯而可以預測的錯誤。當

我做出買進一檔股票的最後決定前,會利用檢查清單進行最後努力,避免不可靠的頭腦忽視任何我可能錯過的警訊。而檢查清單是我的決策過程最後一道防線。

這個概念不是我想出來的,是源自阿圖・葛文德(Atul Gawande)。葛文德曾經是牛津大學的羅德獎學金學者,現在是波士頓布萊恩婦女醫院的外科醫生,也是哈佛醫學院外科學教授和著名的作家,是實踐家與思想家絕佳的綜合體,也是非常好的好人。

2007年12月,葛文德在《紐約客》雜誌發表一篇名為《檢查清單》的文章,大量利用外科醫生的經驗,探討一個既深奧又務實的問題。他說:「加強照護醫學已經成長到極度超出一般性的複雜程度,複雜到連我們這群超級專家想要避免日常的錯誤都變成不可能的程度。」他解釋,這種情形也反映存在其他領域的根本挑戰上——例如:「管理極端複雜性的藝術」,以及「人類實際上是否能夠掌控這種複雜性」的問題。

他的文章繼續描述彼得・普羅諾弗斯特(Peter Pronovost)開創性的成就。普羅諾弗斯特是約翰霍普金斯醫院的重症照護專家,在某次經歷一位病人幾乎死亡之後,他設計了一張檢查清單。普羅諾弗斯特拿了一張紙,列出所有必要步驟,避免所有可能造成那名男病患死亡的感染因素。這些步驟全都是非常「簡單的事情」,結果醫生們在三分之一病人身上,都至少忽略掉一項的步驟。約翰霍普金斯醫院開始採用這種檢查清單後,預防了很

多死亡案例。原因之一是檢查清單能夠幫助記憶，尤其是幫忙記起「容易忽略的平凡小事」；原因之二是檢查清單凸顯某些預防措施的重要性。其他醫院開始效法，把檢查清單當成應付複雜問題的實際方法。

當巴布來看到葛文德的文章時，靈光一閃，立刻認為檢查清單的概念也可以應用在投資上——投資是另一個極為複雜的領域，連超級專家都定期會犯錯，犯下可以輕易預防的錯誤。「犯錯」在投資領域裡不會要命，但是投資錯誤將可能害股東付出極為昂貴的代價，危害股東的終生積蓄。

重建失敗投資背後的思考

某天下午，我坐在曼哈頓的辦公室裡，巴布來將葛文德大作的複本以電子郵件寄給我，然後我們通了電話，電話裡的他顯然非常興奮。巴布來擁有能夠輕易聯想到不尋常關係的頭腦，因此他立刻就知道，檢查清單的構想是非常重要的概念，而我只認為這個構想很有趣而已。但是，我需要花比較久的時間，才能了解這個概念的重要性。現在，我已經習慣巴布來的理解速度比我快的事實，我用巴菲特明智的說法安慰自己：「生活的關鍵是想出誰是球隊裡打雜小弟服務的對象。」我很久以前就了解，當巴布來的打雜小弟並不丟臉，我們實在差太遠了。當我忙著模仿巴布來時，他則是忙著模仿葛文德。

　　他極為強力嚴苛地推動檢查清單的概念，開始在我們這群人當中召集人手，要我們回憶過去曾犯的大量投資錯誤。我們必須研究每個錯誤發生的緣由，尋找其中是否有事前可以發現錯誤的原因。有時候，我會回顧自己錯失若干重要線索的情境，搖頭懊惱：「當時我怎麼看不出來？」

　　巴布來在檢查清單加上自己的錯誤，再把這些錯誤跟巴菲特與孟格（難得）犯的一些錯誤整合在一起，包括投資利捷航空公司（NetJets）、戴斯特鞋業公司（Dexter Shoe Company）與多元零售公司（Diversified Retailing）的錯誤。——多元零售公司的案例讓人想起零售業是多麼難以賺錢的行業。巴菲特在2007年寫給股東的信中，不改坦誠的個性，坦承：「到目前為止，戴斯特是我做過的最差勁交易，但是將來我還會犯錯，這件事你可以打賭。巴比‧貝爾（Bobby Bare）的鄉村歌曲中有一句話，可以解釋併購案中經常發生的事情：『我從來沒有跟醜女人上床過，卻跟一些醜女人一起醒來過。』」

　　2000年，巴菲特在投資科特家具公司（CORT Furniture）時，犯了投資時機不當的錯誤。巴布來也和我討論過這個案例，1990年代科技股熱潮如日中天時，科特家具靠著出租家具給新創企業而大賺一筆。但是，巴菲特和孟格低估了當泡沫破滅時，這家公司的獲利將多麼岌岌可危。電子灣公司和克雷格列表公司（Craigslist）的網站讓大家可以輕易買到廉價二手家具，也侵蝕了科特家具的銷售額，孟格後來把這筆投資稱為「總體經濟錯

誤」。

我協助巴布來細心分析自己和其他投資人的錯誤，巴布來以快到幾乎令人緊張的速度工作。當我們編出最初的錯誤清單以及從中應該得到的教訓後，巴布來聘請哈佛商學院的幾位研究生，負責辛苦的事後調查工作，他們研究了大約二十位精明價值型投資專家〔包括東南資產管理公司（Southeastern Asset Management）和費爾霍姆資本管理公司（Fairholme Capital Management）〕持股變動的持股部位報告（13F filing），把這些公司虧損賣出的投資，都當成一次錯誤來計算，然後請這群學生研讀這些公司發布的公開聲明和年度信函，重建這些失敗投資背後的思考。

葛文德本人對我們所做的事情深感興趣，特別專訪了巴布來和我，在他出版的2009年暢銷書《檢查表：不犯錯的祕密武器》（*The Checklist Manifesto: How to Get Things Right*）中，寫了幾頁跟我們有關的敘述。例如，他提到巴布來知道自己「一再犯錯」，低估利用槓桿操作公司的風險。就像我對葛文德所說的，這個問題的原因之一，或許在於我稱之為「古柯鹼頭腦」這種令人陶醉的賺錢展望，可能激發大腦中受到毒品刺激的相同報酬迴路，使理性心靈忽視了實際上關係密切的外部細節。毫無疑問的是，這種心態不是進行冷靜、客觀投資風險分析最好的狀況。

在我定居蘇黎世前，我們已經編好一份名符其實且內容豐富的砸鍋事件紀錄，其中包括巴布來和我在金融海嘯加速期間的多項錯誤決策，當時我們的若干股票暴跌超過八成。我們在事後分

析中，得以探討我們做錯的地方。更重要的是，設計出檢查清單項目，幫助我們防止自己再度再犯下類似的錯誤。

巴布來承擔了這份工作的絕大部分，最後把他的檢查清單大約分成六大類，包括利用槓桿和企業經營之類的主題。這份清單是令人讚嘆的智慧結晶。我個人的檢查清單大約包括七十項，是厚著臉皮抄襲巴布來的檢查表而成，但是我的檢查清單持續不斷改進更新中。在我開始任何投資程序前，都會先從電腦中或櫃子裡，找出這張清單看看我是否有遺漏哪些項目。有時候，這個動作只須花十五分鐘，實際上卻能夠讓我放棄原本可能投資的幾十種投資標的。在一般的情況下，我可能斷定「好吧，這檔股票不符合我檢查清單上的四項要求」，根據這一點，我就不大可能投資這項標的，但這不是黑白分明的機械式程序。

個人化你的檢查清單

就像我發現得了注意力缺失症的情況一樣，頭腦不時跳過某些訊息——包括我把鑰匙放在什麼地方之類的基本資訊。投資過程中也會出現這種情形，檢查清單會這麼有價值，是因為可以用有系統的方式，重新調整以及挑戰投資人已經迷失的注意力。有時候，我會在投資過程的中途停下腳步，利用自己的檢查清單，加深我對一家公司的了解，但是檢查清單最有用的時候，是在投資程序的最後階段，提供我支持的力量。

雖然如此，重要的是你要了解，你不應該把我的檢查清單，當成你的檢查清單。這是不能委外製作的列表，因為你的檢查清單必須反映你個人的獨特經驗、知識和過去的錯誤。耗費心力，經歷分析你過去在什麼地方出錯的過程很重要，這樣你才可以看出是否有一再犯錯的型態，或是特別有問題的地方。我們全都是不同的人，各自犯錯的方式也經常具有相當個人化的性質，例如，有些投資人在習性上容易受到高度利用融資公司所提供的機會吸引，但我卻不會受到這種情況的誘惑，因此我的檢查清單就不需要這麼多項目，警告我小心應付這種高風險的環境。相形之下，巴布來比較不怕債台高築的公司，而這可能是他需要更小心的地方。

同樣的，像艾克曼之流的投資專家，似乎比較容易受「涉及爭議」、「公司經營階層可能欺騙容易上當投資人」的投資機會吸引。如果我是艾克曼，我的檢查清單中會有一項「我受到這種情況吸引，不是因為這是我所能做的最好投資，而是因為我喜歡追查問題，希望矯正世界上的錯誤？」這樣說不是批評艾克曼，艾克曼是十分高明的投資專家，也應該可以成為同樣傑出的調查報導記者。這件事要取決於我們的個人特質，以及了解個人特質通常會引導我們往什麼方向走去。

以我來說，感受到別人喜歡我，特別重要；我也發現很難拒絕我喜歡的人，這容易讓我受到某些情況的危害，因為這種情感需求可能造成我在理性判斷上出錯。為了幫助自己對抗這種情

況，我的檢查清單中列出下列問題：「這個投資概念是不是有一點別人推銷給我的意味？在這種情況中，是不是有人懷著私心？如果我推動這項投資，誰會得到好處？這項投資是否訴諸於任何個人偏好，應該重新檢討？」

基於我的個性，探討我是否試圖滿足自己個性中的某些部分，而不是只想盡量提高我的投資報酬率，的確更有效。檢查清單是管理你自己的頭腦、對抗個人癖性的方法，因此，檢查清單必須以這種自覺為基礎。

我的其他警告是：檢查表絕對不是列出我們所尋找企業優點的採購清單。我見過投資檢查清單上問：「這家公司便宜嗎？」或「這家公司的股東權益報酬率很高嗎？」之類的問題。我認為這樣利用檢查清單是誤入歧途。我喜歡像飛機駕駛員利用檢查表一樣，駕駛員不會問：「這架飛機飛得快嗎？」或「我是要飛到陽光燦爛的目的地嗎？」駕駛員檢查清單上的項目設計的目的，是要協助駕駛員避免過去造成空難的錯誤。投資也一樣，檢查清單是以過去令人難忘的事件回憶為基礎，真正的目的是要當成生存工具。

但是，解釋這一點最好的方法是提供一些實際例子，說明我如何做出我的檢查清單。因此，下面要提出四個個案研究，都是我犯了昂貴的投資錯誤，導致我發展出特定檢查清單項目的狀況，其中的重點不只是謙卑地回憶選股生涯中的多次低潮，也要更清楚地說明你可以如何分析你的錯誤和盲點，以便製作你自己

的檢查清單。

個案研究一：喪失冷靜的人

2001年我住在曼哈頓時，開始投資一系列提供營利教育課程的公司，我到世界各地參觀訪問，希望廣泛而深入地尋找這個領域中的好公司，希望增加對此類公司的了解。我飛到新加坡、上海和孟買，拜訪這一行中全球領袖之一的萊佛士教育公司（Raffles Education Corporation），我還派遣手下的分析師去菲律賓，結果卻發現業界一些最令人感興趣的公司，就在我自己的後院。所以我整理出一張清單，上面全是紐約市的營利教育機構，然後騎上我的寶馬機車，一一登門拜訪。當時美國一定沒有其他投資人比我更了解這個部門，而且我真的非常喜歡騎那部機車！

我在這樣的訪問行程中，偶然發現了一家沒沒無聞的學校，名叫英特堡商科大學（Interboro Institute），這所大學由艾夫奇生涯控股公司擁有。這家公司的經營階層富有企業精神，提出創新的方法，為資源有限的學生提供大學教育。很多學生是高中沒有畢業的人，他們接受的財務補助，通常都高於這所大學簡單教育所需要的成本，因此他們等於是接受免費教育，艾夫奇公司卻能夠在這種過程中賺錢，而這種模式後來遭到攻擊。但是，我至少參加了他們的三屆畢業典禮，親眼看到他們提供了真正的社會價值。基本上，這所大學協助了一些比較不傑出的學生拿到學位，

進入醫療財務和保險管理等領域就業，而不是去做雜貨包裝之類的卑微工作。

當我研究艾夫奇公司初期，曾經向狄爾森提過這家公司，後來我們一起到這家設在揚克斯市（Yonkers）的公司拜訪。這家公司的業績表現很好，卻因為要併購英特堡商科大學，而發行200萬美元債券，顯得財務困窘。2003年6月，狄爾森和我各自投資艾夫奇公司100萬美元，讓他們能夠解除債務負擔，振興業務。同時，英特堡商科大學的學生人數快速成長，獲利激增，一年半內，我的100萬美元投資飛躍增加為700萬美元。

這是經營海藍寶基金這類小型基金的好處之一，我可以承接這種微型企業龐大部位，是其他大型基金從雷達幕上根本看不到的。看著我的辛苦奔波得到回饋也讓人欣喜。總之，這筆投資讓我有了勝利的感覺。我深感自傲，股票像這樣飛躍上漲時，真的會讓人覺得神奇，你會覺得：「哇，這筆錢貨真價實。」

看到艾夫奇公司的營業收入和股價都成長7倍時，董事會同意為公司兩位最高階經理人大幅加薪，董事長兼執行長的年薪從32萬6千美元，躍升為62萬1千美元，總裁的年薪從26萬7千美元，提高為48萬3千美元。我很感激他們到當時為止精明且努力的經營公司，希望他們跟投資人一起致富。但是，這是家微型公司，前一年創造的營運利潤還不到500萬美元，為他們加薪表示，他們現在要拿走營運利潤中的四分之一。我和其他投資人認為，以這種規模的公司來說，這筆錢高得離譜，擁有公司的到底

是誰？是經營階層還是股東？事後回想，我當時就應該立刻賣掉手上持有的股票。

我深感震驚與不滿，覺得這是短視而自肥的事業決定，於是我立刻發出一封直截了當的信，給經營階層和董事會，（有點傲慢地）把他們的加薪計畫，說成是「愚蠢」的計畫，還抱怨此舉會侵蝕投資人對他們的信心。我一開始就解釋說，這個計畫在財務上效率不佳，因為利潤中的一大部分會以繳納所得稅的方式，流進國稅局；更重要的是，這種高薪應該必須在公司的委託書文件中揭露，讓大家看到。英特堡商科大學的競爭對手屬於州政府部門，州的教育行政官員沒有機會賺到那麼多的錢，我擔心這種高薪會引發怨恨心理，尤其會在紐約州教育主管機關裡引發怨恨，可能導致他們針對英特堡商科大學的業務，進行原本不必要的審查，甚至撤銷英特堡商科大學的教育執照。

我在信裡，建議採用我認為很有吸引力的可行之道。我願意以身為大股東的影響力，通過一項薪酬計畫，給予兩位最高階經理人大量認股權，如果股價繼續上漲，他們各自都可能賺到幾千萬美元。我認為這樣做是強大的誘因，也是報答他們讓股東致富的適當報酬。但是我沒有收到經營階層或董事會的回信，我對於這種反應難以理解，我好心提出幫忙他們發大財的方法，他們甚至連信都不想回。

我相信我的理由應該可以說動艾夫奇公司的董事長兼執行長，因此安排我們兩人在他的辦公室附近餐廳共進午餐。我們的

談話似乎很融洽，但是突然間風雲變色，他用最大的聲量對我怒吼，整個餐廳嚇到鴉雀無聲，我彷彿是落入電影的場景，我不記得他到底說了什麼話，但內容大意是：「你是在指控我說謊嗎？」他也說了一些等於「你他媽的以為自己是什麼人？」的話。

我呆住了，對於這番怒吼不知道該做何反應，我認為自己是要提供他賺大錢的機會，他的回應卻是決心公開侮辱我，這是令人驚駭的事件轉折點。過了好長一段時間，我才發現當時他正在經歷艱難的離婚官司。根據紐約上訴法院2009年的決定，他和太太為了他們婚後的財產爭訟，這些財產包括他所持有的艾夫奇公司股票在內。他太太從2003年開始推動離婚程序，緊接著審判開始，她後來是以「遺棄」的理由，獲准離婚。2006年審判法院「駁回」他宣稱「艾夫奇公司股票價值增加，完全是基於他獨自努力所致的主張」，法院利用審判日，作為「評估他的股票與認股權價值」的日期。

換句話說，他正在為金錢──尤其是為了他持有的艾夫奇公司股權進行一場艱苦奮戰。這點有助於解釋為什麼當初我提議他扭轉加薪決定，改為如果公司股價表現優異再收取一大筆財富時，他會對我大發雷霆。可想而知，他擔心這種未來財富的一大部分，最後會落入前妻手裡，他一定覺得自己遭到四面八方的圍攻。我們當然都知道，事關金錢時，我們很難理性行動。這位董事長兼執行長為人很精明也很客氣，卻落入難以表現最好一面的困境中。

　　我們在午餐會上發生爭吵，是更多問題即將出現的前兆。艾夫奇公司的股價很快慘遭腰斬，這時我終於肯把股票賣掉。如同我所預測，這家公司也失去州教育主管機關的關愛：2007年，由於紐約州教育理事會制定新的測驗規定，使英特堡商科大學的學生要得到財務資助變得困難多了。艾夫奇公司也收到命令，必須償還數百萬美元的學生財務資助基金，原因是若干學生竟然不符合接受資助的資格。2007年12月《高等教育記事報》報導：「艾夫奇公司得知，英特堡商科大學多數學生不再有資格申請州或聯邦的學生財務資助後，決定關閉這所大學。」艾夫奇公司也因為捲入證券詐欺的集體訴訟案而遭到打擊。原本看似能夠啟發人心的成功故事，最後卻不名譽地結束。

　　我後來檢視自己多項投資錯誤時，重新檢討艾夫奇公司的遭遇，試圖從這種經驗中，找出一些實用的教訓。對我而言，最重要的教訓之一是：我必須更注意高階經理人的生活狀況對他們的決策和企業經營能力，可能產生什麼程度的影響。就算我跟太太只是發生小小的爭吵，都可能害我整天心情煩悶，影響我的情緒以及做出明智決定的能力。因此，我無法想像經歷爭執激烈的離婚官司有多辛苦。的確，這是日常瑣事可能讓經理人瘋狂的一個例子，可能的例子還包括喪失親人、跟事業夥伴發生重大糾紛、甚至包括高額的個人負債。

　　生活很麻煩，每一個人都會碰到考驗。但重要的是，要承認高級經理人如同普通人，可能因個人的情緒紛亂而大為失常，畢

竟人處在絕望狀態下時，判斷能力減損的機率也會提高。因此，我在自己的檢查清單上，增加了幾個項目，提醒自己，記得由這家教育公司辛苦學到的一些教訓。

檢查清單項目

公司經營團隊的主要成員中，有沒有人碰到困難的個人經歷，以致採取行動、造福股東的能力受到激烈影響？還有，這位經營者以前是否做過看來愚蠢的任何自肥行為？

個案研究二：特百惠特別曲折的故事

特百惠塑膠公司（Tupperware Plastics Company）是厄爾‧特百（Earl Silas Tupper）1938年創辦的企業。特百曾經在杜邦化學公司（DuPont Chemical）服務過，他利用煉油產生的廢料聚乙烯爐渣，製造出第一批特百惠塑膠盒。今天，他的塑膠盒品牌像偶像一樣，大約在一百個國家暢銷，他們公司的產品並不是在商店裡販售，公司的策略是依賴一群「顧問」安排特百惠籌備「家庭聚會」，辦理聚會的主人會收到免費的產品，作為邀請客人來看特百惠產品線的報酬。

早在1990年代末期，我就對特百惠深感興趣，特百惠似乎象徵了高品質事業的所有特性，我對該公司絕佳的利潤率和股東權

益報酬率，印象特別深刻。這家公司可以把價值5美元的塑膠，變成售價50美元的特百惠產品，不需要太多資本，就能創造很多現金。此外，我記得孟格曾經在他探討人類誤判的演講中，談到特百惠的聚會，他說，席爾迪尼在大作中討論過一系列「心理操縱的技巧」，特百惠的聚會就是其中的典範，據說這種技巧的整體效果極為有力，以致於家庭主婦不顧價格高昂，大買特百惠產品。

　　我想親自體驗這種事情，因此，我和一位朋友在我的紐約公寓裡，主辦了一場特百惠聚會。我必須說，看到這些心理力量當場發揮作用時，我真的嚇住了。首先上場的是「互惠原則」，我們身為主辦人，知道自己會依據聚會上的銷售額多少，得到一些免費的特百惠產品。因此，我們當時已經很感激特百惠女士同意安排這場聚會，並對我們即將收到作為報酬的免費盒子感到興奮。接著聚會一開始，特百惠女士發給每位來賓一件小禮物，這樣每一位客人都不會空手而回，結果聚會上的每個人都如席爾迪尼所預測的一樣，很希望禮尚往來。

　　另一個發揮作用的心理力量是「愛屋及烏原則」（喜好原則）。我們喜歡邀請來的朋友，而他們也喜歡我們，當特百惠女士一發放免費的禮物，我們大家也全都喜歡上她。半小時前，她只是個完完全全的陌生人，現在她不只是朋友，且已經融入成為我們團隊中的成員。

　　例子不勝枚舉，例如「權威原則」也在發揮作用。因為她知

道極多跟食物有關的事情，強化了她身為特百惠銷售人員的權威性。「稀罕原則」也在發揮力量，因為她沒有帶足夠的產品數量，現場產品無法滿足我們所有賓客的需要。還有，我有沒有提過？特百惠的盒子包裝色彩繽紛，這樣也會引起我們的注意。總之這場聚會是銷售心理學發揮到極致的鮮明例子，我們的特百惠女士在幾小時內賣出了價值超過2000美元的東西，自己則賺進將近1000美元。

　　看到實際這種在人身上發生的現象後，我了解為什麼特百惠公司這麼成功了。該公司會有這麼優越的表現，是以驚人的心理效果在這種聚會中發揮作用為基礎。此外，我可以看出，雖然開發中國家市場或許已經飽和，但特百惠在新興市場中還是有無窮的商機。我抱著這些想法，幾乎可以說一衝出門就買進這檔股票。我心裡很穩當，因為我知道每隔兩分鐘，世界上的某個地方，就會有一個人在主辦特百惠聚會，而且這些銷售心理學的原則會自行發揮力量。

　　可悲的是，我錯了。雖然有些投資很快就會失敗，但這筆投資的失敗過程卻冗長又緩慢，這種情形對投資組合造成的傷害更大，因為這種緩慢的輸家會在很長的時間裡，吸走你大量的心力。在我擁有特百惠股票的期間內，總是會有一個地區或另一個地區表現差勁，銷售根本沒有成長。我會在公司每季的法人說明會上注意聆聽，希望能發現問題究竟出在哪裡。這些說明會向我保證經營階層十分能幹，又努力工作。但是我逐漸了解，這家公

司面對一個基本問題，就是競爭者太多了，特百惠產品的高價已經嚴重妨礙成長。

　　一直到好幾年後，我才真正想通問題的癥結點。特百惠產品第一次在市場上推出時，是獨一無二的產品，顧客樂於付出溢價，換取該公司「把新鮮密封起來」的承諾。但是經過幾十年後，很多其他競爭者打進這種遊戲，他們的密封能力改進到跟特百惠產品同等良好，這些競爭產品看來可能沒有那麼吸引人，卻相對便宜，可以輕易地在超級市場裡買到。因此，特百惠再也不能證明這種簡單產品的高價有道理。儘管經營階層使盡渾身解數，依舊無法改變嚴峻的商業現實。就像巴菲特說過的一樣，「以傑出聞名的經營階層，處理以經濟形勢不佳聞名的公司時，安然不變的東西是這家公司的名聲。」

　　我終於在1999年夏季投降，以接近幾年前的買進價格，賣出這檔股票。回頭看這檔令人失望的投資標的時，我很清楚自己沒有問最明顯的問題：「這種產品物有所值嗎？」我在得到主辦特百惠聚會的正面經驗後，在心理上太堅定的承諾要擁有這檔股票，以致無法超然看出其中的陷阱。

　　這次失利教了我一個寶貴的教訓：我希望只投資對他們整個生態系統都會創造雙贏的公司。用投資顧問的術語來說，我們會把生態系統稱為「價值鏈」，名詞如何不重要，重要的是好公司會賺非常多的錢，同時為顧客增加真正價值的概念。特百惠公司起初靠著推出創新產品做到這一點，現在再也做不到了。

　　相形之下，想想沃爾瑪百貨，或好市多、蓋可、亞馬遜之類橫掃世界的企業。沃爾瑪百貨十分用心，持續不斷地從流通體系中壓榨出更多的成本，把賣給顧客的所有商品都變得更便宜，讓顧客很滿意，因此顧客每一年都為沃爾瑪帶來更多的業績。你可能認為，沃爾瑪的供應商應該會因為利潤率遭到擠壓而感到不滿，但是供應商從沃爾瑪商店創造的龐大銷售量中也得到好處。不論是沃爾瑪、股東、供應商還是顧客，整個生態系統的每一個人都是贏家（雖然如此，我從來沒有擁有過沃爾瑪的股票，因為這家公司已經太大，股價太貴，不符合我的標準。當然，批評沃爾瑪的人會主張沃爾瑪這麼成功，是犧牲地方企業和自己的員工換來的。）

　　我決定將來要更用心的分析整個價值鏈，找出讓價值鏈更有效能的公司，這樣應該可以把我從投資特百惠的錯誤中解救出來，也可以讓我避開像菲利普莫里斯（Philip Morris）公司這樣的多元化發展企業（菲利普莫里斯獲利驚人，卻戕害顧客的健康）；也避開希臘國營的OPAP彩券公司（獲利驚人，卻傷害顧客的財富）。這兩家公司都擁有印鈔票的執照，卻用來侵害大家的弱點，對顧客和整個社會來說，並不是雙贏的局面。

　　我個人不想投資害社會沉淪的企業，縱使他們的產品合法，也是如此。你可以說我不理性，但是我認為這是惡業。總之，我對投資造福社會企業的意願強大多了，我在學到這個教訓時，再度了解巴菲特已經知道的事情：就我所知，他的每一檔持股都符

合這種高標準。

檢查清單項目

這家公司為自己的整個生態系統提供雙贏嗎？

個案研究三：背後藏了什麼東西？

我研究過沃爾瑪和好市多之流的公司後，促使我決定投資車美仕公司。車美仕是美國二手車市場中的沃爾瑪或好市多，1993年在維吉尼亞州創辦第一家賣場，至今已經賣出四百多萬輛汽車，現在號稱在美國擁有約一百處的汽車賣場。車美仕的經營效能高，賣出和買進車子的價差很小，顧客都知道這家汽車大賣場的售價最低，而且展售的汽車有極多的選擇，從兩年新的賓士休旅車到1950年代的野馬敞篷車都有。

車美仕的事業模式還有另一個重要特點：提供顧客汽車貸款。美國有相當高比率的汽車是用租的，沒有汽車貸款的話，很多顧客就不能買車美仕的車子。事實上，如果車美仕不能利用債券市場，整個事業模式就會土崩瓦解。2008年時，車美仕確實崩潰了，因為車美仕和顧客在全球信用危機中，再也借不到貸款，銷售暴跌，股價因此崩盤。

我再次發現了解一家公司整個價值鏈的重要性，我對車美仕

到底有多依賴信用市場，並沒有進行夠深入的考慮，也沒有深究這一點對車美仕會造成多大的危險。反正我認為這筆投資有很大的可能性，而且我永遠不可能預測到這場金融危機的嚴重性。但是，這種狀況教導我，認清企業是否過度曝險在價值鏈中自己無法控制的環節裡，的確是很重要的關鍵。如果情況如此（經常都是），我就必須用比較低的購買價格，補償這種比較高風險。

在因應這種經驗之餘，我發展出檢查清單中的一個項目，讓我可以更了解這家公司的素質。說明這個項目的方法之一可能是「這家公司的營收是否受信用市場影響？」但是我不太在乎怎麼在我的檢查清單中，用什麼正確的字眼描述這些項目，這個項目比較常見的說法可能是「這家公司在價值鏈中占據什麼地位，公司有哪些部分，可能受到這家公司幾乎無法影響的價值鏈中其他環節的變化衝擊？」

重點是我希望投資能夠掌控自己命運的公司，而不是任由無法控制的力量決定其命運的企業。

你也可以用這種思維，找出一些非常好的投資機會。處在這種狀況中時，尋找的標的是價值鏈中有一環已經出問題，拖累整個企業的目標。如果我認為這是暫時性的問題，我可以用狂殺後的股價買進這檔股票，一旦價值鏈中的問題解決後，再從這檔股票中得到獲利。

2007年時，這種想法促使我投資阿拉斯加牛奶公司（Alaska Milk），這家公司是菲律賓煉乳的主要生產業者，主要原料是進口

奶粉。當全球牛奶價格暴漲時，阿拉斯加牛奶公司的利潤率遭到
擠壓，股價暴跌。我相信一旦奶粉供應配合中國的需求提高而增
加，價格最後一定會回歸正常，到時候，阿拉斯加牛奶公司的獲
利應該會反彈。事後證明這一點正確無誤，我的投資在五年內賺
了5倍獲利。

檢查清單項目

公司無法控制的環節出現變化，對這家企業可能有什麼影
響？例如，公司的營收是否極為依賴信用市場，或高度取決
於特定商品的價格而相當危險？

個案研究四：我怎麼失去平衡？

智慧平衡公司（Smart Balance）是一家善於創新的食品公司，
現在已經改名波爾德品牌公司（Boulder Brands），由超級巨星行
銷專家史帝芬‧休斯（Stephen Hughes）領導，主打旗艦產品蔬
果調和油，跟主要品牌「謝氏鄉村油煙」（Shedd's Country Crock）
和「我不敢相信這不是奶油」（I Can't Believe It's Not Butter）競
爭。智慧平衡公司的代用奶油調和時，採用布蘭戴斯大學食品科
學家擁有專利的油品調和製程，提供真正健康的代用品，取代富
含反式脂肪酸的競爭產品。相形之下，據說這種代用奶油會降低

消費者「不好的」膽固醇，提高消費者「好的」膽固醇。這種代用奶油自1997年推出後，輕輕鬆鬆地超越藍多湖（Land O'Lakes）品牌，成為人造奶油中的第三大品牌。

我身為雀巢公司（Nestle）的長期股東，看過這種「功能性」產品在食品工業中，變成快速成長、獲利日增的利基產品。我認為智慧平衡公司因為是規模較小、靈活發展的廠商，未來五年左右，在人造奶油和花生醬、爆米花之類的相關業務中，應該會快速成長，到時候應該會有比較大型的競爭者買下這家公司。我也喜歡智慧平衡公司把製造和流通業務委外辦理的事實，如此一來，這家公司就變成了純粹的行銷和品牌公司。何況該公司的經營團隊都來頭不小。

休斯極為出名，他的著名事蹟是讓純品康納（Tropicana）在美國市場的果汁業務起死回生。在此之前，他還為詩尚草本茶（Celestial Seasonings）和絲樂克豆奶（Silk Soymilk）創造同樣驚人的業績。《財星雜誌》在一篇有關智慧平衡公司的報導中，開宗明義地說：「二十年來，史帝芬・休斯在食品工業中信步走到什麼地方，成功都會隨他而去。」《財星雜誌》還引述休斯的話，說：「我們把這樣產品定位為可能成長到10億美元的品牌，定位為真正的超大品牌。」

當時我還沒有拋棄會晤經營階層的習慣。休斯來到我辦公室以後，我很快地就深受他的誘惑，不單是因為他優異之至的經歷，他也極為精明且富有能力，是個了不起的人物。他能夠得到

大家普遍的喜歡和推崇，的確很有道理。休斯的頂尖團隊已經成功把智慧平衡品牌的產品打進沃爾瑪百貨的流通體系，而且我親自觀察到那裡有多少消費者喜歡這個品牌。同時，替我工作的一位分析師很喜歡這檔股票，非常希望我買進，原因之一是替我這樣的長期投資人工作而我卻極少買進股票，這令他很有挫折感。我們信心十足，以為自己找到了一檔贏家，於是我在2007年買進智慧平衡公司的股票，唯一的問題是：我買進的價格太高了。

當時我當然不知道這一點，這檔股票才剛剛從天價下跌超過30％，但是本益比和股價現金流量比仍然很高。我犯了認定這種比率只是相對評價的典型錯誤，我根本應該問自己「這檔股票絕對便宜嗎？」但我沒有這樣做，反而安慰自己「股價從最高峰跌下來，現在已經比較便宜了。」我也指望休斯達成雄心勃勃的成長目標，支撐這種極高的比值。根據他——和我——所想像公司展望十分美好的看法，我認為智慧平衡股票是便宜貨。

接下來發生的事情不是慘劇，卻也根本不是我所預期的勝利。金融海嘯爆發後，消費者克制購買高價產品，如智慧平衡代用奶油的意願：不再擔心自己的壞膽固醇，反而擔心自己的財務，競爭對手受到智慧平衡公司的成功傷害之餘，發動價格戰，進一步侵蝕利潤，對這檔股票也沒有幫助。

休斯和手下在艱苦環境中發展妥善的因應，慎重地注意訂價問題，他們看出提供平價產品的重要性，也併購了名叫最好生活（Best Life）的平價品牌。整段艱困期間，這家公司創造了很多

自由現金，而且明智地用在行銷、減少債務和買回股票上。鑒於他們每一件事都做得很正確，我幾乎不能發出什麼怨言，然而，到2012年，經過長長的五年後，我賣出這檔股票時，還是虧損了約30%。

我只能怪自己買進的價格太高，高到只有這家公司發揮全部潛力時，才有道理。我犯的錯誤是我投資時所依據的基準，是這位超級巨星經理人和這個有希望的品牌可能創造出一番成就，而不是注重我購買時這家企業現有的價值。如果休斯不再掌理這家公司，了解內情的食品業者要併購智慧平衡公司時，出價很可能只有我買進價格的60%到70%，若是我買進的價格更低，應該會讓我的煩惱減少很多。我也忽視了並非所有品牌天生都平等的現實，智慧平衡是有很多優點的好品牌，卻不是雀巢牌。

這麼多年來，我買過很多便宜股票，有時卻驚訝地發現自己太常以過高的價格，買進我心目中高超品質的企業，這個缺點正是我買進智慧平衡公司時所犯的核心錯誤。我得到的關鍵教訓是：以長期而言，如果我能夠克服這種付出過高價格的傾向，我可以節省很多錢，應該也會解救不少腦細胞。畢竟，如果我一開始付出太多錢，我最好了解跟這家公司有關的一切細節，因為其中沒有太多可以犯錯的安全邊際；如果我在公司股價低估時投資，哪怕我犯了很多錯，仍然可以賺到相當不錯的報酬率。

這種自覺很重要，因為你只能在知道自己有什麼弱點時，才能設計出解決這些弱點的檢查清單。舉例來說，我購買發現金融

服務公司（Discover Financial Services）股票時，也付出了過高的價格，這家公司是信用卡業者，2007年才從摩根士丹利公司分割出來。事後回想，我可以看出，我會受到金融服務公司吸引，有一個跟我的獨特習性有關的原因，就是這家公司很難明智地加以分析：這家公司獲利很高，卻複雜到你幾乎不可能知道他們的護城河會變寬、還是會變窄。我內心的聲音告訴我：「所有其他投資人都認為，這檔股票太貴，但是他們不夠精明，不能分辨買進這檔不可思議股票有理的微妙之處，我卻不怕付出高價，因為我比較精明，能夠了解他們看不出來的細微差異。」

　　像我這樣自以為比較聰明、又受過良好教育的人，特別容易出現這種孤芳自賞的傲慢。我們可能輕易地受到誘惑，去分析這類其實應該歸類為巴菲特所說「太難」的公司。不幸的是，當時我對自己這種潛藏的危險傾向沒有足夠的覺悟，因此，雖然這家公司複雜到不容易分析，我還是在2006年1月以每股26美元上下的價格，買進這檔股票，但是我很快就後悔了。

　　金融海嘯高峰期間，這檔股票跌到5美元以下，而且我無法絕對確定這家公司是否能夠繼續生存。我不希望加重當初付出過高價格買進的錯誤，同樣愚蠢的太早賣出，因此我繼續抱著這檔股票。然後這檔股票急劇反彈，我終於在2011年11月，以24美元上下、跟我原始買進價格差不多的價錢賣掉。然而，如果我清楚了解自己的雙重弱點，也就是太常以過高價格買進股票的傾向，以及對自我感覺良好的困難分析挑戰的不理性熱愛，那麼我就可

以避免這一切的痛苦和煩惱。我在智慧平衡和發現金融服務這兩家公司碰到的經驗讓我很痛苦，促使我在自己的檢查清單中增加了幾個項目。

檢查清單項目

這檔股票夠便宜嗎（不只是相對便宜而已）？我能不能確定我今天付出這樣的價格，不是因為這家公司將來可能出現過度美好的期望？這種投資是否因為能夠滿足我的一些個人需要，因而讓我在心理上覺得滿足呢？

第十二章

在狗咬狗的金錢天地裡實行文明的投資之道

最重要的事情莫過於在你的生活中找到更好的人。

　　在我的書架上，有一本羅伯‧葛林（Robert Greene）的大作《權力世界的叢林法則》（*The 48 Laws of Power*）。這本書光是在美國的銷售量就超過120萬本，《快速企業》雜誌（*Fast Company*）譽之為「當代經典傑作」。你想一想「法則十四」建議我們應該「假朋友之名，行刺探之實」，就可以了解書中含有的暗黑意味。法則十四的簡短摘要解釋說：「認識對手很重要，利用間諜蒐集些能讓你保持超前一步的寶貴資訊。更好的是，自己親自當間諜，在客氣的社交場合會晤時，要學會刺探，詢問間接的問題，促使別人透露他們的弱點和意圖。每個場合都是個巧妙刺探的機會。」

　　從某些角度來看，這種充滿心機地看待生活和事業的權謀之道，的確相當有誘惑力。年輕時，我確實有一點認同這種做法，幻想自己是正嶄露頭角的蓋柯，能夠靠著聰明又狡詐的巧妙操

作，出人頭地。我在布萊爾公司的經驗告訴我，在華爾街上冷漠
自私的作手有很多機會靠著把自己的利益擺第一而發財。但是就
像我後來發現的，即使在狗咬狗的金錢天地裡，還是有一種比較
文明的成功之道——我後來想到要稱之為「巴菲特—巴布來投資
之道」。

投資天地裡的珍貴友誼

我利用「遠觀」和「近看」的角度，細細觀察巴菲特和巴布
來，逐漸學習變成更好的投資者、更好的企業家和更好的人（希
望如此）。這個過程的起點是我在布萊爾公司任職時，第一次看
羅文斯坦寫的巴菲特傳記，這本書改變了我，因為這本書把巴菲
特的思想灌滿了我的腦海。當我迫切需要指引的關鍵時刻，這本
書的智慧帶我脫離讓我迷失的道德迷宮，介紹我認識正確的人和
正確的理念。事實上，最好的學習方法是處身在行事正確的人當
中，就像巴菲特在我們的慈善午餐會上說的一樣：「跟那些勝過
你的良師益友為伍，你不可能不自我改善。」

這些話對我產生重大影響。就像巴菲特協助我了解的一樣，
最重要的事情莫過於在你的生活中找到更好的人。換句話說，人
際關係是殺手級的應用。確實如此，我相信要把競賽場地改變成
對我們有利的地方，讓我們在投資和生活中的其他領域裡，都能
創造一番成就，這是唯一最重要的方法。這麼說來，我們要怎麼

創造和培養正確的人際關係，以便我們可以跟好的典範人物學習我們需要學習的東西、變成更好的自己呢？

我不知道自己是否充分了解同儕團體的重要性，直到閱讀古樂朋（Nicholas Christakis）的傑作和一場十八分鐘TED演講才恍然大悟。他和哈佛的同事研究人類網路中的肥胖問題，得到一個重要的發現：「如果你有肥胖的朋友，那麼你比較可能也是胖子；同樣的，如果你的朋友身體健康，那麼你也比較可能是身體健康的人。」換句話說，我們的社會互動關係不只是在顯而易見的地方發揮效用，在我們不太注意的細枝末節中也發揮影響力。

我毫不懷疑這種情形也適用在企業中。如果是這樣，按理說我應該在自己的社會網路中，刻意結交最好的人才對。起初，我處心積慮地以追求自利的方式，實踐這個構想，希望我建立「社會資本」的意圖能夠帶給我更大的投資和事業成就。但是，我開始建立的關係促使我的生活變得極為豐富，以致於我冷漠、自私的動機逐漸退散。我不是說自己是印度聖雄甘地，但是隨著我跟傑出人士的關係加深，這些友誼變成我極大的真誠喜樂來源，我不再需要任何隱藏的目的：友誼本身就是絕妙的目的，不再是提升自己的工具。

機緣湊巧的是，我寫到這裡時，人正好在康乃狄克州的德拉馬格林尼治港口飯店，也就是十年前的2004年2月11日，我第一次跟巴布來共進晚餐的地方。那次會晤建立的友誼為我的人生帶來最大的歡樂——這種關係其實就說明了我希望在本章裡傳達的

一切。

　　昨天，我才收到一封來自巴布來的電子郵件，上面的主旨是：「立刻停下手邊的寫書作業，下一個概念降臨到我們的身上了！！！」然後，他的電子郵件內容只有寥寥幾字，包括一家亞洲公司的名字，加上「全壘打股！」（4x!）的字眼。換句話說，他發現一檔他認為可能上漲4倍的股票，希望我也知道這件事。同時，他相信我會進一步評估這檔股票，然後給他有用的「第二意見」，就像幾十年來，巴菲特找孟格提供意見一樣。不過，無可否認的是，孟格的回應可能會高明一點。

　　你試想一下這個情況，當代最傑出的投資專家把他的最新投資構想，愉悅地跟我分享。從某種角度來看，如果我的研究引導我得到相同的結論，我因此買進這檔股票，對我和我的股東而言，這種善意行為可能是極大的財務大禮。但是從更深層的角度來看，這封簡單的電子郵件代表了真正友誼的禮物——是分享、信任、慷慨和友情的行為。這種行為的基礎是建立在對友誼無與倫比力量的了解上——承認當我們友善的聚在一起時，我們加起來的力量會遠大於我們個別力量的總和。就像巴布來經常引述美國前總統雷根的舊格言說：「如果你不在乎誰得到功勞，你所能做的事情會大到沒有限制。」我對這樣的朋友還能有更多的要求嗎？

　　我希望我這些話說得夠清楚，因為這些話幾乎可以確定是本書裡最重要的重點——即使這一點對你來說顯而意見。沒有什麼

事情、根本沒有一件事情，會比把適當的人帶進你的生活裡那麼重要，他們會教導你並帶你了解你所需要知道的事情。

有些事物是無價的

對我來說，我跟巴布來的這種關係，具有讓我大開眼界的無限教育價值。例如，過去十年來，我一再觀察到他小心地尋找他可以幫助別人的機會，而不是等著看別人能夠為他做什麼。對此，巴布來從來沒有叫我坐下來，解釋他這種行為背後的想法，我只是親眼看到他對我和對別人的實際行動。我呢，就盡力從中學習。這過程中，我看到他一開始就專注在如何 —— 創造實際關係，然後持續不斷地設法給予對方，而不是想辦法接受好處。他並不堅持己見，不讓別人承受任何人情，他似乎只是問自己：「我可以為他們做什麼？」有時候，這樣只是好心的一個字或一個建議，有時候是介紹別人，有時候是當作禮物送給別人的一本書，當做表示他想到那個人的一本書。

我可以看出來，巴布來藉著這種行為方式，創造出一種驚人的人際網路，大家都為他祝福，眾人都樂意找出方法幫忙他，同時感謝他的好意。這樣施而不受，可以創造特別有力的加強善意效果。就像他教我的智慧，其中的矛盾是：拿施與受相比，最後你在人生中，靠著施予得到的收穫，會比靠著接受所得到的收穫多出無數倍。其中的確有諷刺的地方：當你專注在幫助別人時，

最後也會迴向幫助自己。對某些人來說，要了解這一點並不容易，他們的做法就像把人生看成零和遊戲一樣，認為施捨東西出去的人，會因此變得比較貧窮。

巴菲特當然非常了解這一點，他仁慈又樂善好施的前妻蘇珊的影響和示範，在這件事情上居功不小。當巴菲特到醫院去探望她後，告訴喬治亞理工學院某一屆的學生：「等你們到了我這種年紀，你們衡量自己的人生成就時，會用有多少你希望愛你的人真的愛你，作為衡量標準。我知道有些人很富有，有人請他們去參加感謝餐會，有醫院大樓用他們的名字命名。但事實真相是世界上沒有人愛他們。如果你們的人生，到了我這個年紀，卻沒有人對你有好感，不管你的銀行帳戶裡有多少鉅款，你的人生就是一場悲劇，而這是你怎麼過一生的最終極考驗。」

巴菲特繼續說：「愛的問題是你買不到愛，你可以買到性、可以買到感謝餐會、可以買到讚美功頌你的宣傳小冊。但是要得到愛，唯一的方法是成為討人喜愛的人。如果你有很多錢，你會讓人生氣，你可能認為你可以開一張支票，說我要買價值100萬美元的愛。但是世事的規則不是這樣走的，而是你施捨愈多的愛，你就會得到更多的愛。」在巴菲特教我的所有教訓中，這可能是最重要的一點。

凡是單純把巴菲特看成選股大師的人，顯然都錯過了重點。在我們的慈善餐會中，他的仁慈和慷慨精神表露無遺，他顯然下定了決心，要提供我們遠超出原本希望或預期的價值，他到那裡

去，是為了對格萊德基金會和我們付出，而不是索取。他不僅只是客氣誠懇，而是帶著完完整整的全部身心靈參與活動，設法使這次餐會變成我們永遠難以忘懷的聚會。他是世界首富之一，從我們身上得不到半點東西，但他卻願意如此用心地對待我們。

在隨後的歲月裡，在巴菲特安排巴布來和我參觀他的辦公室，或是寄給我一張寫著「小蓋，閱讀你們的年報很愉快。」之類便條的事情中，也可以看到他的這番用心，他發來只須幾秒鐘就可以寫好的訊息，是小小的善意行動，對我卻具有極為重要的意義。要是有什麼東西可以報答這種行為，我會認為就是他從這種人生觀中得到的快樂和輕鬆。我不相信巴菲特這樣做有什麼目的，但是，巴菲特和巴布來一樣，天生就了解宇宙運作的方式是：「我們施的愈多，受的就愈多。」巴菲特一生便是仁慈循環最好的典範。

關注比我們優秀的人，模仿他們的行為

這裡應該指出，最重要的一點是：這就是我們的學習方式——關注比我們優秀的人，模仿他們的行為，然後親自體會為什麼他們的方法明智而有效。我的重點不是吹捧巴菲特或巴布來，他們也像我們所有的人一樣都有大大小小的缺點。我的重點是讓大家知道：在我們的投資人、企業人士和一般人的教育中，沒有一點比找到能夠一路指導我們的傑出模範還重要。書本是無

價的智慧來源，但人是最終極的老師，而且其中可能有只能靠著觀察他們、或實際跟他們共處過，才能學到的智慧。這種智慧當中，有很多根本不是靠口頭傳授，但是，你跟他們在一起時，自然會感受到這種人的指引精神。

我最喜歡的這種例子中，有一個是李祿為簡體版《窮查理的普通知識》所寫的引言，他談到一則跟孟格有關的奇妙軼事，說他跟孟格約見時，不管他多早到，孟格總是已經到場等他，每次李祿都會愈來愈提早到場，每次孟格卻都已經到場。最後，李祿乾脆提早一個小時到場，這樣他們可以各自看自己的報紙，直到約定的時間為止。顯然孟格曾經因為不是自己的錯，在一次重要的會面中遲到，他對自己發誓絕對不再發生這種事情。

至於巴菲特，他是社交動物，而且已經在自己身邊，建立了一個生態系統，由反映和強化本身價值觀的傑出人士構成。屬於他圈內朋友的人包括孟格、蓋茲、詹恩、波沙尼克和卡洛・路米斯（Carol Loomis）。但是其中還有很多其他人，這些人為他著想，巴菲特也為他們著想。他一再證明自己是善於判斷性格、跟傑出人士交好且極少犯錯的人。我有時候會懷疑他買下某些公司，不是因為這些公司非常優秀，而是因為這些公司由傑出人士經營，他想把這些人納入這個生態系統中，這些人包括大都會／美國廣播公司的領導人湯瑪斯・墨菲（Thomas Murphy）和布倫金女士，例如，他喜歡說些有關布倫金女士驚人的工作倫理故事，而且他顯然把她當成模範。

學習成為更好的投資人，同時變成更好的人

根據我的經驗，要改善我們所運作的圈子，方法不計其數，有些方法極為明顯，以致於看來根本不值一提。但是，這種簡單實用的步驟曾經徹底改變我的生活，因此，即使我要冒著聽起來像老生常談的風險，也要迅速地提一下其中的若干例子。例如，我參加若干組織，因此能夠跟一些在各方面勝過我的優秀人才來往。這種組織包括教導領導特質的兩個特殊企業團體，一個是企業家組織（Entrepreneurs' Organization），一個是青年總裁協會。我也參加透過公開演講教授領導才能的國際演講協會（Toastmasters）。同樣的，我每個月去一次曼哈頓的柯爾貝餐廳，跟一群由戴達西帝負責召集的各種高明價值型投資專家見面。我之所以有一些最有價值的事業關係，就是出自這種每月午餐會。

因為看到成為這種團體成員的好處多多，因此我後來和米哈杰維奇合作創造了「價值無限聯合會」，以便「夥伴可以在這種過程中培養處世智慧，學習成為更好的投資人，同時變成更好的人」。我們的目標是建立一個社區，讓所有的人都可以互相發揮良性的影響。畢竟，有別人支持你，而不是獨自前進，要保持正道會容易多了。我們家人基於同樣的理由，變成蘇黎世本地猶太裔社區的成員。就像古樂朋告訴我們的一樣，同儕團體對我們都有深遠的影響，因此，我認為成為宗教社團的成員，應該會在心

靈和肉體上，創造提升我們整個家庭的機率——如同我想像參加
波克夏公司與巴沙迪那萬事威公司（Wesco）的股東會，會提升我
的投資水平一樣。

　　起初我以為參加這種團體和場合，應該會讓我碰到更好的
人，而且透過與他們的接觸有助於精進自己。的確，這樣的人際
網路確實有好處，但是我認為在這種積極的環境中跟他們在一
起，最大的好處比較微妙，就是有機會觀察那些在事業和生活上
遠比我優秀的人。這就是為何參加波克夏公司的股東會是如此美
妙的學習經驗。例如，有一年，我在奧馬哈跟一位叫做布蘭德的
朋友一起喝酒時，注意到唐・基奧（Don Keough）站在附近，他
是著名的企業領袖，曾經當過波克夏、可口可樂和麥當勞等公司
的董事。他認識布蘭德（他父親是巴菲特的股票經紀人），跟他交
談了幾句話後，然後轉向對著我介紹自己。當時我有一種緊張刺
激的感覺，因為情形就好像他全副精力都擺在我身上，在那一刻
裡，我覺得自己是唯一對他重要的人。

　　你當然可以說這只是我們預期任何人都該有的客氣、禮貌行
為，這樣說很正確。但是即使是這麼短暫的會晤，都可以幫助我
看出有些人在企業界之所以能夠發光、發熱的原因。例如，我可
以從基奧對我的影響中，看出我跟別人會晤時，全心全意地專注
在當下是多麼重要的事情——尤其是個剛出社會不久的人，或
是他們可能感到侷促不安時，更是如此。他的例子啟發我變得更
好。這樣的話，或許將來有一天，我自己跟陌生人的會晤也會變

得同樣讓人難忘，對方也會感受到我的真誠。

　　同樣的，巴菲特頻繁熱心地跟企管研究所的學生演講對談，也讓我覺得驚訝，這時是他們人生中特別容易接受新觀念的階段。如果他們還沒有找到管理研究所畢業後的工作，他們也可能覺得有點不安，因此，巴菲特慷慨分享的精神對這些學生來說可能更重要。對我而言，這件事有一個重大的教訓——如果巴菲特可以花時間，這樣善意對待學生（還不提對待像我一樣的投資人），那麼我也需要同樣真正好心地對待我在商學所遇到的學生，我也應該對所有寄送履歷表給我的每一位研究生，發出鼓勵性的回應。

把時間和精力投資給對的人

　　巴布來在我們的慈善午餐會上詢問巴菲特，他如何選擇自己願意任用的正確人才？巴菲特的回答是，他能夠評估一屋子裡的上百個人，輕易地看出十個他願意打交道的人、十個他會避開的人，另外八十位會屬於「不確定」的類型中。當時我覺得這種識見不能讓我特別滿意。但是，後來我才了解自己進入布萊爾公司工作前應該採用這種概念，當時圍繞著布萊爾公司的疑雲夠多，包括我在《紐約時報》上看到有關這家公司的關鍵報導，光是根據那篇報導，布萊爾公司和公司魅力十足的領袖戴維斯，就應該歸入我自己的「不確定」類別中。我的性格喜歡公平，樂於給別

人無罪推定，但是在這個例子裡，小心謹慎行事對我應該比較有益處。總之，我從巴菲特那裡得到的主要教訓是：要把時間和精力投資在你可以確定的少數人，其他人應該置之不理。

我決定根據這一點加強效率，從我的人際關係網路中，剔除我不能確定的人。我首先把這個觀念運用在聘僱過程中，我原來以為正確的用人方法是刊出廣告，然後篩選寄來的眾多履歷表，努力給每一位應徵者無罪推定。畢竟，顧問公司和投資銀行要僱用像我這樣的人時，都是這樣做。但是有充分的證據，證明這種做法有一個問題，就是這些應徵的人當中，有很高比率的人有一些讓人很難僱用的因素，最好的人才卻又非常搶手，不是很快就被人搶走的人，通常也會變得更善於掩飾自己的缺點，讓別人愈來愈難以看出這些缺點。

人生與投資的取捨

因此，我不再打廣告，最後改為僱用我有機會在別人毫無防備情況下觀察到一舉一動的人。例如，我僱用丹・穆爾（Dan Moore）當分析師，因為有一次我跟他聯絡，希望可以索取他所做的一份研究報告，但他不肯跟我分享，原因是我不是他所屬以買進為主的公司客戶，他處理這種狀況的方式可以作為大家的楷模。這點告訴我，他維持很高的道德標準，而且對僱主忠心耿耿。我對他的品行觀察是我聘用他的主因。同樣的，我聘請歐

莉・辛地（Orly Hindi）當營運主管，是在柯爾貝餐廳吃晚餐時，看到她如何巧妙地處理一件困難的社交問題，這件事提供了完美的例證，證明她擁有絕佳的人際關係技巧。事實上，我請到的最厲害高手，正好都不是靠徵才廣告找來的，而是因為我在類似的坦誠相見時刻、在他們表現真正自我的時刻，仔細觀察他們之後才聘請的。

同時，我也刻意避免跟那些有一點神祕兮兮、或不透明的人打交道。我在敏感的青年時代，有過一些光芒四射、善於社交，對自己到底是什麼樣的人卻遮遮掩掩的「朋友」。我離開牛津後，曾經天真地迷戀過一位自稱是韃靼王子的人，那一個夏天裡，我們在倫敦和法國的里維拉閒逛，跟其他想來是王子和公主的人聚會，我發現這樣很刺激，喜歡進入這種上流社交圈的感覺。從某一個角度來看，這只是略為輕浮的快樂，但是沉迷在這種膚淺魅力的世界裡，卻也有幾分害處。

巴布來教導我一種比較好的方法，他認為人生實在太短，不值得跟那些不直率、不肯坦誠做自己的人打交道，最好的根本做法就是離開神祕兮兮、混淆視聽的人。這樣做的目標不是要看透他們，而是要保持距離。巴菲特和巴布來都是極為直率且完全沒有虛矯的人，只想跟直爽開放的人打交道。他們跟剩下其他人保持距離，把他們列入「不確定」的類別中，用在人身上，這種類別等於巴菲特桌上「太難」的匣子。

在跟還不認識的人約會前，我通常會提供他們一份我個人的

書面資料——例如我的傳略，以及我所經營基金的年報，我希望
他們可以輕易地看出我的現況從何而來，對我形成精確的印象。
同樣的，我固定也會請對方寄給我一些他們的背景資料，如果有
人表現出任何神祕兮兮或閃閃爍爍的樣子，我會應用巴菲特的
「不確定」規則，決定不發展更密切的關係。

　　同理，我希望他們會看出我其實就是我現在表現的樣子，不
是欺騙自己或對方的騙子，我希望成為表裡如一的人。我主張在
事業和人生的其他領域中吸引和我們類似的人，可以反映我們自
己這種意識水準的人，如果我努力表現出誠實、正派，我比較可
能在我的生命中吸引誠實正派的人，這點有助於說明為什麼巴菲
特能夠吸引到各種傑出的人才進入他的軌道，他們正反映出巴菲
特是什麼樣的人。

真誠待人必有回響

　　我藉著觀察巴布來，也學到在事業上和人生其他領域中怎
麼做人處事的另一個智慧。我可以看出他跟別人打交道時，從來
沒有表現出欠缺或刻薄的樣子，其中沒有權利意識或占用別人時
間的欲望。在我們建立關係的早期，我會懷著歉意打電話給在加
州的他，說：「我希望你沒有在忙，也希望我沒有打擾你。」他
會回答，「我忙嗎？正好相反，我剛才正好在玩大拇指。」實際
上不是這樣，但是，他用這種方式，讓我覺得沒有什麼事情比我

的電話還重要。事實上,我接過他無數封電子郵件,上面都寫著,「如果你在玩,就打電話來。」同樣的,2010年,我們前往奧馬哈,跟波沙尼克見面前,他寫信給她:「我們的行程很有彈性……請別介意建議提出你認為比較方便的理想方式。」

這不是諂媚或失去自我主見的問題。正好相反,巴布來有著健全的自我,但是我一再看到他多麼小心在意,不把自己的意願強加在別人身上,也不侵害別人的利益,他希望只有在別人需要他,或真的希望他來時才出現,他非常小心在意,希望不要成為別人的負擔,或是讓別人覺得他們對他有任何虧欠。

觀察他這種言行舉止的方式,對我產生深遠的影響,因為我可以很清楚地看出,這是極為高明的行為方式。我記得曾與他討論過一種狀況,就是有一位投資人希望賣掉我的基金股票,家父最初建議我勸阻這個人,但是巴布來告訴我,「不要試著說服他們,這是他們的錢,如果他們希望把錢抽走,就讓他們抽,不要問緣由。」我跟投資人的關係可能因此結束,但是巴布來幫助我看出其中不應該有罪惡感或互相責備——而且最重要的是,也不應該有虧欠的感覺。

這種簡單卻堅定的概念發散到我生活中的其他地方,我只告訴你一個例子,我從來沒有嘗試請求我的朋友(或是就這件事來說,沒有請求過任何人)投資我的基金,我很高興他們只是我的朋友,彼此從來沒有任何虧欠。

但是事後回想,我可以看出自己早年當基金經理人時,極度

渴望別人投資我的基金，那汲汲營營的態度有多可怕。當時我多少會說服自己，必須向潛在投資人推銷我和自己的基金，彷彿這種厚顏無恥的強迫推銷，是精明企業家和野心勃勃基金經理人不可或缺的一環。實際上，這樣只是顯示我個性有所欠缺的難堪例證。

我也逐漸看出，我對別人電話推銷希望爭取業務，或是發出一封對大眾宣傳的電子郵件，寄給表示過對這檔基金毫無興趣的潛在投資人，徒勞地希望抓住他們的注意力時，我的做法讓人極為討厭，只會使明眼人更不想跟我建立密切的關係。

相形之下，我喜歡伊恩·雅各布斯（Ian Jacobs）的故事，雅各布斯是哥倫比亞商學所畢業生，他成功地在巴菲特的波克夏公司總部裡找到工作，他在求職自薦信裡，顯然附了一張支票，希望補償巴菲特花時間評估他的求職申請。有些人會認為這是可笑的花招，但是那張支票──我相信根本沒有兌現──立刻會傳達出雅各布斯尊重巴菲特的時間價值的本意，強力的顯示他不希望成為別人的負擔。

這是個精明的行為方式，尤其是因為當別人查覺我們有求於他們，或潛藏某種目標時，會變得具有防衛性。我跟重要人士打交道時，逐漸了解當我打算抓住別人的注意力，或是想把自己的看法強加在別人身上時，別人會特別惱火，因為他們經常成為別人這樣做的目標。不久以前，我和某大銀行執行長有過一次難忘的中餐，我們見面後不久，我就誠心誠意地告訴他，能跟他共

進午餐，真是我的榮幸。當他知道我毫無所求，只是喜歡跟他在一起的感覺時，明顯放下心來。根據我的經驗，關鍵在於珍視別人，把他們當成目的，而不是幫助我們達成目的的工具。

巴布來經常引用聖經中「我雖然只是灰塵」的優美句子。他現在像我一樣，不斷地在進步，而且他這樣說時，聲音中有點諷刺的意味——好像承認他不太能夠這麼謙卑和自制。如果我們自稱追求成聖成佛時，都不太能夠讓人信服，然而，我一再看到他為別人服務的願望，而且不把自己的需要放在別人的需要之前。他的典範協助我了解我們可以成為為人服務的僕人，卻不喪失自主性、自尊心或雄心壯志。我剛開始擔任基金經理人的時候，會嘲笑為別人服務的念頭，喜歡自認是精明的作手，但是在我們跟巴菲特共進慈善午餐時，巴菲特雖然是世界上最著名的投資人，卻也是某種僕人。

投資的正面情感

主要是因為巴布來和巴菲特的關係，我開始了解我應該更注重別人對我有什麼需要，而不是不斷地努力促使他們滿足我的需要。這種情形聽起來似乎相當明顯，對我來說，卻是重大的心理變化，也確實改變了我的生活方式。

我困在紐約旋渦的日子裡，我會去有助於建立關係的場合，會跟陌生人見面，想著他們能夠幫我什麼忙，他們經常跟我談他

們想賣什麼產品或服務給我，我開始看出來，這種有目的性的做法令人非常討厭。因此，久而久之，我培養出另一種建立關係的態度，我建立的簡單原則是這樣的：每次我跟別人認識，我都會設法替他們做一些事情，例如，可能只是把他們介紹給別人，甚至可能只是誠摯的問候，讓我覺得有趣的是他們的反應方式。有時候，我會感覺到他們對自己說：「很好，我不知道這個人會為我做什麼，也不知道我可以跟他要什麼。」有時候，我可以看出他們也想幫助我。這種看來微不足道的互動提供了衡量指標，說明大家的處世之道是施還是受。

我起初吸引的「接受者」比率很高，有一陣子裡，我發現自己為這件事產生可笑的不滿，不知道為什麼他們無法了解這種生活方式很差勁，但是，我藉著密切觀察大家，逐漸變成更善於判斷誰施、誰受，也開始吸引更好的人走進我的生活。我希望這樣聽起來沒有表面上所顯示的那麼多心機，因為我想做的只是為自己創造出「每一個人都希望設法幫助別人」的生態系統。

當你周遭都是這種人時，他們全都會設法互相幫助，這樣偶爾會讓人產生處於人間天堂的感覺。像巴布來和米哈杰維奇這樣的人根本就是難能可貴的精神典範，他們總是在尋找提供協助、支持和分享的機會，這種人是守道的人，是我們希望納入核心圈子裡的人，就算他們住在國外，也值得我們飛到世界各地去看看的人，當然，我也需要在別人眼中變成這樣的人。

瘋狂的地方在於一旦你開始這樣過日子後，一切都會變得

歡欣鼓舞。我會有一種心滿意足和整個宇宙同步的舒暢，好過早期的我想從別人身上取好處，這是當時從來沒有過的感覺。我還是不希望這種話聽起來讓我像是個聖人，但是這種設法為別人服務的經驗極為正面，以致於我現在發現自己在尋找更多幫助別人的機會。近來我的重點不只是幫助個人，也希望幫助我在牛津大學念的學院、哈佛商學院和以色列的魏茨曼科學研究所。我最近得知企業家組織在以色列沒有分會，因此，我在那裡設了一個分會；我也聽說蘇黎世沒有TED組織，因此，我跟別人共同創立了一個蘇黎世TED組織。

　　我告訴你這件事，不是為了自吹自擂，因為有更多人做的好事比我多更多。重點只是從我開始這樣過日子後，我的生活出現無法估計的改善。事實上，我愈來愈沉迷於這些活動在我體內喚醒的正面情感，我也熱愛自己和極多傑出人士和機構之間關係日益深固的感覺。有一點很確定，我從「施予」所得到的一切，遠比我從「接受」所得到的一切多多了。因此，矛盾的是，我的無私意圖實際上可能相當自私。

　　世界上最聰明的巴菲特和巴布來清楚了解這一點，巴菲特以投資人和企業家所創造的成就，幾乎是難以想像的事情，但是他最大的遺產很可能是他支持蓋茲夫婦基金會，推動可能影響千百萬人的慈善工作。同樣的，巴布來沒有把高明的天分用在致力追求財富，他的達克尚納基金會已經改變無數印度青少年的生活，給予他們原本無從想像的機會。他不只一次告訴我，他寧可別人

記得他為達克尚納所做的事情，不願別人記得他是投資專家。

我們的目標不是要變成巴菲特或巴布來，而是向他們學習。我從大大小小的事情中，看出他們是人生遊戲中的大師，我要重複巴菲特所說極為重要的一句話，「跟勝過你的良朋益友在一起，你不能不自我改善。」

第十三章

追求真正的價值

為了創造永續成就，不管我們有什麼弱點，我們都必須面對。

　　如果你的人生目標是致富，價值型投資是很難打敗的方法。價值型投資法偶爾會失寵，絕大多數奉行這種方法的人會發現，別人看不起他們，把他們當成失去魔力的守舊過氣政客。但是價值型投資法是極為強健、從根本面來看極為健全的投資方法，最後一定會重新綻放光芒。不理性的繁榮來了又去，但價值的追求永無止息。

價值型投資的真諦

　　然而，價值型投資法不只是能夠讓你致富的選股策略而已。對我來說，連「價值型投資」這個字眼本身，都暗示更深一層的意義，而不只是積聚千百萬美元，以便購買瑞士格施塔德的滑雪小屋、閃閃發亮的法拉利跑車而已。就像巴菲特人生的範例一樣，我們在這裡也討論追求真正的價值——追求某種超越金錢、

專業進步或社會聲望的某種意義。

　　我無意貶抑或嘲笑這些東西，雖然我對自己本性潛藏比較低下、比較傾向資本主義分子的特質有點不好意思，卻又不是那麼不好意思……我確實還在開敞篷保時捷跑車，只是我承認時覺得有點尷尬。而且我極為沉迷於追求完美的卡布其諾咖啡，因此花了6000美元，從佛羅倫斯進口一台精美的拉馬卓可牌（La Marzocco）咖啡機。我藉著想像捐了一大筆財富給慈善事業的約翰・坦伯頓爵士，開著勞斯萊斯豪華轎車，試圖證明我這些過分行為很有道理。當然，連巴菲特都買了一架私人飛機，還自嘲地取名「無法辯護號」的名字（他後來改變心意，把飛機改名「不可或缺號」）。而且，就這件事而言，孟格花了數百萬美元，買了一艘叫做「海峽之貓」的豪華遊艇。

　　如果這種東西讓你興奮，那麼價值型投資法是你達成自我放縱目的的高明手段，好好利用這種方法。在我看來，這是價值型投資人的外在之旅——追求財富、物質享受和成功（我找不到比成功更好的字眼）。但重要的是，我們不能單純沉迷於這種沒有意義的追求，以致於忘掉最重要的事情——追求比較無形卻更有價值事物的內心之旅。內心之旅是通往變成最好自我的大道，我甚至認為這是人生中唯一真正的大道。這樣做涉及問：「我的財富的用途是什麼？什麼事情能夠讓我的人生有意義，我如何利用我的天分幫助別人？」之類的問題。

　　巴菲特在早期的投資生涯時，結束他的有限合夥組織，把資

產還給股東。即使在當時，他對無限制的追求財富就不是那麼感興趣。顯然，讓他跳著踢踏舞去上工的東西不是金錢。同樣的，孟格說過，一旦你賺到某種金額的財富（我認為是1億美元），卻繼續獻身於積攢財富，那麼你的頭腦一定有問題。坦伯頓也投擲大半的歲月在內心之旅上，的確如此，他最偉大的遺產是他的慈善基金會，這個基金會獻身於探討「人類目的與終極現實的大問題」，包括複雜性、進化、無窮性、創造性、愛、感激與自由意志問題。這個基金會的座右銘是「我們所知極少，學習極為熱衷」。

了解自己的內在世界

根據我的經驗，內心之旅不只是比較能夠讓人心滿意足，也是成為更好投資人的資產。如果我不了解自己的內在世界——包括我的恐懼、不安全感、欲望、偏見和對金錢的態度，我就有可能輕易地遭到現實的打擊。我在自己的事業生涯初期，就碰到這種事，當時貪婪和傲慢引導我進入布萊爾公司，我迫切需要表現出成功的態度，使我難以承認自己的錯誤，而且在斷定布萊爾是侵蝕道德的環境時，仍然難以迅速離開這家公司。後來在我困於紐約旋渦般的歲月裡，我嫉妒別人的基金規模比我大，住在比較漂亮的宅邸，這種嫉妒導致我誤入歧途，使我相信我必須行銷自己，設法變成跟真正自我不同的人。

　　我靠著開始內心之旅，變得比較能夠覺察自我，開始更清楚地看出貪婪與嫉妒的缺點。只有在我承認這些缺點後，我才可以努力克服缺點。但是這些特性極為根深蒂固，以致於我也必須找出實際的方法，避開這種特性。例如，我藉著搬到蘇黎世，讓自己實際脫離加重我的貪婪與嫉妒心理的曼哈頓環境。知道紐約和倫敦之類的都市——極端世界的中心——會害我動搖，離開似乎是最安全的方法。

　　但這是一種持續不斷的過程。我寫到這裡時，內人正在考慮舉家搬到倫敦，好讓我更接近我父母、妹妹和我小孩的表兄弟姐妹。從某種角度來看，這件事嚇壞我了，我能否應付極為富有的倫敦可能在我心中激起的情感動盪？我內心是否已經成長到足夠成熟，能夠妥當住在倫敦，卻不會造成心理不安？就算是在倫敦的範圍內——例如，遠離「超級精華地段」的現實扭曲，住在寧靜的郊區。是否能夠替自己創造一個平和的環境，維持心如止水的狀態？此刻答案都不確定，但是，在我努力對抗那些害我很難變成理性投資人的特質之際，這一切都是我內心之旅的一部分。

　　說到投資時，無知不是福。因為金融市場會極為有效地揭露這些情感上的弱點。例如，在金融海嘯期間，了解自己對金錢的複雜態度極為重要，因為這一點會影響我的判斷、影響我應付股市崩盤所造成心理衝擊的能力。從知識層面來看，要精通投資的技術工具很容易——包括閱讀資產負債表、看出價值低估公司的能力。但是如果投資人沉沒在恐懼徹底壓倒大腦新皮質的大海

中，這些技術到底有什麼用？

懂得承擔個人責任，不怪罪別人極為重要。我不去批評股東善變，在市場底部時贖回我的基金，反而會慎重思考如果市場繼續崩跌，我必須被迫結束自己的基金時，對我會有什麼意義。這個做法確實有用實際多了。但為什麼這樣做會讓人痛苦到難以承擔？

和巴布來相比，市場崩潰對我內心層面造成的影響大不相同，他似乎完全不受自己投資組合中股票價格暴跌的影響。就像他說的一樣，他小時候花了很多時間，見證他父親事業生涯的高低起伏，顯然他父親多次瀕臨財務崩潰邊緣，或是實際破產，但是即使在這麼動盪不安的時刻，他們家人之間的互動卻十分安詳平靜。因此在情感上，金融慘劇的展望不會讓巴布來像我表現的那麼憂慮。他的情感堅強有一個愉快的結果，當其他投資人在辦公室安靜的角落上，縮成像胎兒一樣時，他反而能夠不斷買進遭到沉重打擊的股票。

投資人必須了解自己跟金錢的複雜關係

我自己對金錢的態度深受歐洲猶太人的痛苦歷史影響。我的曾祖父母是富有的德國實業家，在柏林外圍擁有一家大型製帽工廠，隨後納粹奪走了他們的資產，摧毀了他們優渥的生活，我們家族逃到以色列（當時叫巴勒斯坦），開始重建他們失去的一切，

曾經在德國當律師的祖父變成了以色列不得志的雞場主人。我成長的過程，聽到的是以色列建國初期食物短缺、年輕人出門保家衛國的故事。家父在我祖父的養雞場長大，事業生涯的大部分時間，都在企業界任職，然後才創設能夠賺到大量現金的事業，後來他把大量現金交給我投資。現在我已經把我們家族的財富增加5倍，但是我心底深處，仍然害怕我無法控制的因素可能奪走一切。

為什麼每一件家族故事的細節都如此重要？因為這個故事巧妙且有力地塑造我的經營和投資之道。例如，我從來不利用融資，我所有的投資都很冷靜保守。對我來說，我們家族和財富的故事是一種重建的故事，是修復希特勒所造成破壞的故事。說到我們家族的財務時，我會感受到十分重大的責任感（大部分財富投資在我的基金中），尤其是我試圖修理七十多年前被歷史粉粹的家族財富，同時也想在不穩定的世界，提供家族持久的安全。我熱愛我做的事情，但是對我來說，這是嚴肅的事業。而且我們知道，金錢跟心裡的生存意識息息相關，因此，這種情感問題可能徹底破壞我的理性頭腦。相形之下，巴布來可以買進不確定與波動性比較高的股票，因為對他來說，虧損的可能性不會引爆牢牢固定在我潛意識中的天生恐懼。

我會主張，認真的投資人必須了解自己跟金錢的複雜關係，原因在於這種關係可能會造成破壞。我們可以根據這種了解進行調整──例如，改變我們的外在環境，或是在我們的投資檢查清單中增加若干項目。但是無論我們多聰明，我相信我們不可能

完全改變與生俱來的本性，我的確還沒有嘗試這樣做過。過去我認為，我可以克服自己的財務損失恐懼，從而讓自己解脫，承受更大的風險，創造更高的報酬率。但是我逐漸接受這點只是我真正自我的一環。毫無疑問的是，巴菲特和巴布來都具有自己的內心特質，讓他們做出跟金錢有關的明智決定。但是我不能耗費生命，一直渴望變成他們，我反而必須了解是什麼原因讓我跟別人不同，然後根據這種自知之明，投資我在情感上能夠應付的標的。

最後，我妥善的應付金融海嘯，原因之一是我正視自己害怕虧損的恐懼，設法迴避這種恐懼。如果我不知道自己內心中的這個弱點，或許得知發現金融服務公司的股價慘跌80%時，我會產生恐慌。結果是，我反而在這檔股票反彈回升時，緊緊抱著。對真正的自我有了更深一層的認識後，我也不再擔心如何創造最高的報酬率，我現在不理會個人的限制，能夠比較安心的追求打敗大盤指數的長期報酬率。同樣的，在我的基金中很高比率的資金一直是投資在波克夏股票上，鑒於波克夏公司規模十分龐大，要是我把資金投資在別的地方，很可能可以得到更高的報酬率。但是，波克夏股票在我的投資組合中，提供穩定財務和情感上的作用，我的生態系統中有巴菲特在，對心理很重要。但這樣子理性嗎？對我來說，答案是肯定的，對巴布來可能卻不是這樣。

強化投資心智，對抗無法避免的逆境

　　既然這種內心之旅這麼重要，實際上我們應該如何進行呢？我個人利用無數工具，加速這種內心成長的過程，而且我發現所有的工具在我人生的不同階段中，都很有幫助（或很有趣）。我進行過很多心理治療，不過在我心靈封閉的青年時期，這種事情讓我嚇壞了，例如，我每週接受榮格式的治療一次，一共做了七年。我也淺嘗過情緒取向治療、認知行為治療、神經語言規劃、甚至受過眼動減敏與歷程更新療法。我逐漸了解的是，人之不同，各如其面，沒有窮盡，協助我們進行這種旅程的療法幾乎也無窮無盡。

　　我也跟不同的猶太教士和其他精神導師探究過宗教，包括我的朋友《命運之經：摩西五經每週讀經反思》（Destination Torah: Reflactions on the Weekly Torah Readings）作者艾沙克·沙森（Isaac Sassoon）。我定期上職業輔導教師的課，我師事「哲學導師」馬瑞諾夫博士（Lou Marinoff），研習哲學，後來我們還變成朋友，他著有《柏拉圖靈丹》（*Plato, Not Prozac! Applying Eternal Wisdom to Everyday Problems*）。此外，我也看過無數勵志自立書籍。我的性情不適於禪坐，但是只要能讓我從中學習，幾乎任何類型我都能接受。

　　內心成長另一個絕佳工具是逆境的經驗。的確如此，其實這種經驗應該是最最重要的工具，如果我們能為自己的錯誤和失敗

負責，這些疏失會提供寶貴之至的機會，讓我們了解自己，也學會我們怎麼需要自我改進。以我誤入布萊爾公司為例，這次經驗讓我看出，我必須對抗自己內心的貪婪，也要停止用外界的標準衡量自己。事實上，逆境可能是最好的老師，唯一的問題是這樣要花很多時間，經歷錯誤的經驗，然後從中學習，而且這種過程很痛苦。

對我來說，內心之旅最大的跳板是參加席爾所說的「智囊團」（mastermind group）。哈佛商學院把這種團體稱之為研習團體，年輕總裁組織稱之為「論壇」，名稱不重要，其中的概念是由八到十位專業人士，組成關係密切的集團，在一位同儕主持人的指導下，祕密分享他們的問題。我在這種團體一次難忘的聚會中，花了二十分鐘，說明我跟一位重要事業夥伴兼大學好友之間令人難過的關係，團體成員隨後問我兩回合問題，要我澄清，因此，我把我們之間關係的細節和盤托出，交由他們評估。我的胸臆間怒火熊熊，相信這位女性朋友一定做了不對又不公平的事，而且還利用我。但是我也覺得罪惡感和尷尬，因為在這種聚會過程中，情形逐漸清楚地顯示我的行為也沒有跟聖徒一樣。

接著，另外八位成員一個接一個，分享自己跟親戚朋友的事業關係出差錯的經驗。知道不是只有我才會犯這種錯誤後，我的第一個反應是大大鬆了一口氣，也看得出我的朋友或我的行為都沒有我認定的那麼糟糕。同樣重要的是，沒有人批判我，我也沒有得到明確的建議，因為這樣會違反這種團體的規則。然而，到

了討論結束時，我不再覺得自己受到罪惡感和怒火控制。另外八個故事都充滿各式各樣行動的例子，是我可以採用、以便補救類似狀況的範例。我現在不但不再感覺到無力感，反而有了更多選擇。因此，我用正面的方式，解決了我的衝突，一直到今天，我過去的事業夥伴還是我的好友，也還是我的基金股東。

這是智囊團的力量——不管是由年輕總裁組織或企業家組織安排，或是由巴布來和我合創的交叉網絡俱樂部幾位互相信任的朋友安排，都具有這種力量，這個團體的8位專業人士成員每年兩次，會出門參加三天的避靜活動，討論我們心底的話。對我來說，這種聚會一直是加速內心成長最好的幫手。

事實上，你怎麼進行這種內心之旅並不重要，重要的是要實際行動。不論你選擇什麼路線，目標都是變成更自覺、剝掉你的面具、傾聽內心的聲音。投資人這樣做可以得到無法估量的好處，因為這種自知會協助我們強化內心，更善於應付無法避免的逆境。股市有一種神奇的力量，可以找到投資人的內心弱點，暴露我們傲慢、嫉妒、恐懼、生氣、自我懷疑、貪婪、不誠實、需要社會認可之類的諸多弱點。為了創造永續成就，不管我們有什麼弱點，我們都必須勇敢面對。否則的話，我們就是在最後可能崩潰的脆弱結構上，締造我們的成就。

但是，這種內心轉變真正的獎勵不只是恆久的投資成就而已，也包括止於至善的大好機會，成為更好的自己這才是真正無價的終極大獎。

致謝

　　受人涓滴，無法湧泉以報。也許文字是表達感謝最好的方法。不論是以書信，或嘗試在故事中詳述他們的善行。某種意義而言，這本書便是一本長長的感謝，感謝在我的人生中最重要的四個老師：我的父親─賽門‧斯皮爾、華倫‧巴菲特、查理‧孟格、莫尼希‧巴布來。對我而言，你們四位不只是源源不絕的智慧泉源，更是引導我做人處事的精神典範。

　　此外，我還想感謝一些促進這本書出版的人們：

威廉‧葛林

　　原先我以為只要稍加編輯，很快就能定稿成書。但你卻投入大量的時間精神，依據時間順序修改的每個章節內容。因為有你敬業的精神，才得以讓這本書發揮到完美極致，甚至超乎我原先的預期想像。

　　我的寫作習慣雜亂無章，而你卻總是知道如何重整文句，使其更加優美易讀。此外，你對敘事結構的敏感度，塑造了每個章節的結構，確保各篇皆有流暢的起承轉合並凸顯重點。

更重要的是，你豐厚的學識不但影響了這本書，也影響了我。過程中，你不時會向我提出令人發省的問題，因而推動我完成不完整的思考脈絡、幫助我提煉出不知該如何表達的草擬想法。更令人欽佩的是，你總有辦法憑著直覺抓到我想傳遞的中心思想，並化為具體文字。

這個經驗讓我有了難得的機會向精通寫作技巧的人學習箇中奧妙，也讓我重新認識偉大作家和編輯的專業，並更加尊重。非常感謝這幾個月來，你對我和這本書所付出的心血。

但撰寫這本書最棒的回饋，莫過於是得到了你這位朋友。也透過你的介紹，得以認識卡巴拉，開啟了我邁向宇宙的智慧之門。

也同樣感謝你的妻子和兩個孩子。謝謝你們與我分享你們父親的時間，你們短暫的失利，造就了我和讀者永恆的收穫。

杰莎‧加姆博

沒有你，我永遠不會克服對寫作的恐懼，真正開始落筆寫下這本書。第一次與你TED大會初次見面，我就看出你比我還更早相信這本書會成功出版。在我們最初的討論，你就已經建構許多有關此書的想法與點子，還獲得威廉‧克拉克的珍貴關注。在我被自我內心對寫作的恐懼所動搖時，是你出色的引介才讓我們能認識麥克米倫出版社，以及勞里‧哈汀。

甚至在我們啟動作業後，若沒有你持續的鼓勵與肯定，我無法突破無數個思路阻塞的時刻。你的存在令我感到安心與平靜，

在每個清晨的寫作討論交流，是你給了我勇氣面對自己，提筆寫作克服恐懼。但最重要的是，在這本書歷經各種曲折之時，謝謝你的友誼支持，以及始終真誠以待。

勞里‧哈汀

首先，我必須承認一開始我很怕你。我不明白為何你要冒著這麼大的風險與我合作。開門見山地說吧，起初我的寫作水平的確是有點糟糕混亂。隨著寫作水平逐漸進步，我開始理解我們是在創作什麼，慢慢懂得你的支持、擁護以及友誼。如今，我已然看見你是如何用心提煉我這本投資故事精華。

珍娜，皮科特以及彼德‧郝尼科

謝謝你們的友誼與關照，也謝謝你們種下這本書的第一顆種子。最一開始，這些種子散落在貧瘠的土地之上，因為你們才得以擁有豐沛的水分，充分生長。你們始終在這片貧瘠的農田給予我幫助、鼓勵。沒有你們，這本書就不可能成真。

同事們

作為海藍寶的基金管理人，我只能利用工作之餘來寫作。感謝基思‧史密斯、琳達‧布蘭特、以及奧莉‧辛迪。謝謝你們幫我擠出時間，為我建構這本書的寫作架構。除此之外，你們也以其他的方法令我的生活在規律的軌道上運轉。

同時感謝海藍寶基金之前的其他同事，給予我工作上的支持。

製作團隊

在這本書的製作過程，有許多出色且傑出的人才參與其中。除了上述提到的人，我還要感謝優秀的經紀人威廉‧克拉克，也要感謝麥克米倫出版社其他成員。沒有你們的熱心付出，這本書只能停留在構想階段，沒有問世的機會。還要感謝馬克‧福提爾的推薦，謝謝愛德維克多圖書館的查理‧坎貝爾，還有西西里亞‧黃為此書設計美麗的封面（英文版），以及杰麗莎‧卡司特對這本書的用心校對。

出版

謝謝黛比‧英格蘭德、珍妮、簡‧安‧郝柏斯、湯普森、瑪姬‧斯塔基，以及其他促成這本書完成的出版界朋友。

寫作地點

從一開始，我和太太羅莉就意識到一點，我必須在那些發現自己的地方寫下我的故事，因此這本書是在許多不同的地方分散完成的。給艾博哈德‧克貝爾和艾莉絲‧謝德勒：蘇黎世的辦公室真的是個很舒適的地點。給喬伊斯和瑞尼：謝謝你們將佛羅倫斯飯店維持的十分整潔舒適。給弗洛爾‧索里亞諾：謝謝你在蘇黎世和克羅斯特非常用心地照顧我們全家人，並把我們的家營造

地十分溫馨。還要感謝許多寫作地點的服務人員,友善並用心地提供服務。

老師

在幫助我撰寫此書的同時,威廉‧葛林分享給我一句亨利‧詹姆斯(Henry James)的名言:「生活是——包羅萬象而雜亂的,但是藝術是——精挑細選的結晶。」在敘述自己轉變為價值投資人的成長故事時,難免有所取捨。因為我們不可能把每件事都鉅細靡遺地寫進這本書裡,這意味著這本書雖然沒有詳述多位老師,但他們在我的人生中的確都扮演著重要的老師角色。在此,我想要感謝這些人在我成長的道路上,曾為我指點迷津。這些人都是出色的老師和教育工作者,包括:我的經濟與政治學教授、法律教授,以及其他在哈佛商學院曾經指導過我的教授們。

在我的職業生涯裡,非常幸運地可以遇到一些亦師亦友的合作夥伴。約翰‧米哈杰維奇,非常謝謝你選擇隨我一同搬到蘇黎世,讓我得以有更多機會天南地北的談天,享受這份友誼帶來的快樂。肯‧史坦因,與你的談話總讓我有如醍醐灌頂,更加深入對投資的理解,以及如何在生活中實踐巴菲特——巴布來的經營之道。布萊恩‧勞倫斯、理查‧柏金、珍‧巴肯、馬丁‧卡爾德班克,是你們讓我了解在商學院未必只能得到膚淺的收穫。尼克‧史立普、凱伊斯‧札卡里亞,哪怕我已經被證明是個糟糕的學生,你們還是不遺餘力的細心教導我。此外,我也從許多的朋

友、同事、老師身上學到很多可以借鏡的智慧，謝謝你們。

TED大會

　　感謝布魯諾‧朱薩尼在愛丁堡TED大會上將杰莎‧加姆博引薦給我認識。沒有布魯諾，這本書不可能有問世的機會。我第一次參加TED大會，是五年前在印度的邁索爾。在那次的大會，克里斯‧安德森（Chris Anderson）的演講「值得傳播的創意」（Ideas Worth Spread）瞬間打動了我，從此我便成為TED大會的常客。TED對我益處良多，參與各種分享和演講讓我視野更開闊、個性更加幽默、思想更加睿智。感謝眾多參與TED大會的人，是你們啟迪了我的人生，讓我的世界因而多采多姿。

合作人、朋友及論壇夥伴

　　我很幸運可以擁有一群好朋友和論壇夥伴，他們教給我無數有關投資、交易、人生的知識與智慧。還有一些優秀的組織、論壇和其他策劃小組，對我也產生了深遠的影響，包括：青年總裁協會、企業家協會的多個分會、國際演講協會的蘇黎世分會及紐約分會。還有小聚、阿勒山論壇、福克斯論壇、交叉網絡俱樂部、價值無限聯合會。

我的大家族

　　雖然居住過許多不同的城市，但我最深厚的根依然深植在我

的大家族中。儘管家族成員散布在世界各個角落,從西方的墨西哥、美國,中間的倫敦、慕尼黑、蘇黎世,再到東方的以色列、澳洲。我所有的兄弟姊妹們,因為有你們精采豐富的人生,賦予了我和家人幸福。

我的小家庭

我的父親賽門,感謝你對我的信任。我的母親瑪莉蓮,感謝你對我的言傳身教。我的姐姐坦雅,從小就跟著你學到許多生活經驗,這讓我的生活因而變得相對輕鬆許多,也讓我更能掌握所面臨的種種挑戰。

我的孩子們:莎拉、艾薩克、伊娃。成為一個父親的過程,本身就是一種教育。我一直感慨你們竟然已經學到這麼多可以教給我的事情。我很欣慰看著你們一天天的成長,不斷地累積更多知識,對不同領域的喜愛也一天天增加 —— 從希臘神話到星際大戰,從哈利波特到貝貝小熊。還有,你們在體育與音樂領域成長迅速的天賦。看著你們毫不費力地可以輕鬆地在西班牙語、英語、德語、法語以及希伯來語間切換語言,簡直像是一種奇蹟。隨著你們的成長,我也從你們的身上學到更多同情心、赤子之心、努力不懈的智慧,這是比起在其他大人身上學到的,更為深刻。謝謝你們成為我終生的老師。

最後,由衷地感謝我的妻子羅莉。謝謝你對我付出所有的時間、愛和情感上的支持,我才能毫無顧慮地完成這本書。也感謝

你對我的包容，包容我的情緒，包容我因寫書而對其他事心神不屬。在此，對你致以最誠摯的感謝與愛。

附錄
參考書目與建議閱讀指南

　　下列所有書籍不只在我學習價值型投資法的教育過程中，也在我尋找幸福、滿足和更深一層了解世間事如何運作上，扮演重要的角色。我列出書目，目的只是跟你分享對我產生影響、豐富我的生活的精選書籍。這張書單確實很獨特，涵蓋投資經典傑作到探討複雜性、心理學和遊戲的深奧研究。這張書單絕對不算完整，但是，我希望你可以從中找到很多有用、有啟發性、又能豐富生活內容的好書。

投資書籍

　　我所有學習的起點書籍是班傑明・葛拉漢所著的《智慧型股票股資人》。我認為值得一讀、反覆閱讀的四本傑作如下：塞思・卡拉曼撰寫的《安全邊際》（*Margin of Safety: Risk-Averse Value Investing Strategies for the Thoughtful Investor*）、喬爾・葛林布雷的《你也可以

成為股市天才》（*You Can be a Stock Market Genius: Uncover the Secret Hiding Places of Stock Market Profits*）、馬帝‧惠特曼的著作《攻守兼備－積極與保守的投資者》（*The Aggressive Conservative Investor* by Martin J. Whitman, Martin Shubik, and Gene Isenberg），以及約翰‧米哈杰維奇的《發現黑馬》（*The Manual of Ideas: The Proven Framework for Finding the Best Value Investments*）。在我發現價值型投資法前，也曾經深深著迷兩本投資經典巨作，包括埃德溫‧勒菲弗的《股票作手回憶錄》（*Reminiscences of a Stock Operator*）和喬治‧索羅斯的《金融煉金術》（*The Alchemy of Finance*）。

英雄、貴人與模範書籍

羅文斯坦所著的《巴菲特傳：一位美國資本家的成長》是第一本我刻意用來幫助我模仿巴菲特的書籍。其他跟巴菲特有關的傑作包括：艾莉絲‧舒德所著的《雪球：巴菲特傳》（*The Snowball: Warren Buffett and the Business of Life*），還有巴菲特好友、在《財星雜誌》服務六十年的名作家卡洛‧路米斯所著《股神巴菲特的神諭：不做會後悔、或做了好後悔的致富語錄　》（*Tap Dancing to Work: Warren Buffett on Practically Everything, 1966–2013*）。其他也蘊含巴菲特深奧智慧的出版品是《巴菲特給股東的信》（*Berkshire Hathaway Letters to Shareholders, 1965–2013*）。另一本《窮查理的普通常識：巴菲特50年智慧合夥人 查理‧蒙格

的人生哲學》可以一窺巴菲特大師內心祕密、了解孟格對人類錯誤判斷原因令人驚異分析的絕妙好書

內心探索書籍

《論壇：專業領導者的祕密優勢》（*Forum: The Secret Advantage of Professional Leaders*）是推動「論壇」最好的指引。本書書名已經道盡一切，但是我建議你參加這種團體，自行發現這種智囊團體的力量。有些最好的團體由企業家組織和年輕總裁組織推動，他們動用巨量資源，幫助會員得到良好的論壇經驗。

國際演講協會的做法略微不同，卻也很完美（也平等多了、便宜多了）。我不曾參加過的戒酒無名會出過一本絕妙好書，意在協助拯救酗酒患者，但書中的教訓卻適用於每一個人，書名是《十二個步驟與十二個傳統》（*Twelve Steps and Twelve Traditions*）。

自立自助書籍

理智的人想到自立自助書籍，很可能會側目相看，但是我在這種書籍中，找到很多實用的智慧結晶，我認為其中最重要的書籍是：東尼·羅賓斯的《喚醒心中的巨人》（*Awaken the Giant Within: How to Take Immediate Control of Your Mental, Emotional,*

Physical, and Financial Destiny!）

心理學書籍

　　所有的人開始內心探索之旅時，都沒有很好的道路路線圖，卻可以找到不少路標。我在閱讀下列書籍時，發現了這個領域中的豐富內容：愛瑪·榮格（Emma Jung）及馬丁·路易斯（Marie-Lonise von Franz）合著的《聖杯傳說》（*The Grail Legend*），還有羅伯特·約漢森（Robert Jonson）的《費雪國王與缺手少女》（*The Fisher King and the Handless Maiden*）。在我接受榮格式治療的七年期間，發現愛德華·惠特蒙（Edward Whitmont）的《尋找符號》*The Symbolic Quest: Basic Concepts of Analytical Psychology*）是很有用的手冊。而我探索情感力量時的第一本書是戴安娜·霍玉霞博士的《情緒轉變的力量》（*The Transforming Power of Affect: A Model for Accelerated Change*）。接著我看了艾倫·舒爾（Allan Schore）、安東尼奧·達馬修、約瑟夫·李寶等人的作品，下列書單是其中一部分作品。

漫步參觀我的書房

　　下面另外列出很簡短的書單，裡面都是我基於無數理由，認為有趣又能增長智能的書籍。這些書跟你的投資人教育有關嗎？

有些相關，有些不是這麼有關聯性。但是我發現所有這些書籍都能帶來豐碩的報酬，書中不但充滿選股智慧，也充滿從螞蟻、無政府金融到愛情之類跟一切事物有關的智慧，其中應該有適於每一個人閱讀的書籍。

商業類

- *Delivering Happiness: A Path to Profits, Passion, and Purpose* by Tony Hsieh（《想好了就豁出去：人生不能只做有把握的事，鞋王謝家華這樣找出勝算》）

- *Different: Escaping the Competitive Herd* by Youngme Moon（《哈佛最受歡迎的行銷課：建立商業概念的第一本書》）

- *Getting to Yes: Negotiating Agreement Without Giving In* by Roger Fisher, William Ury, and Bruce Patton（《哈佛這樣教談判力：增強優勢，談出利多人和的好結果》）

- *Give and Take: Why Helping Others Drives Our Success* by Adam Grant（《給予：華頓商學院最啟發人心的一堂課》）

- *How I Raised Myself from Failure to Success in Selling* by Frank Bettger

- *Love is the Killer App: How to Win Business and Influence Friends* by Tim Sanders

- *Mastering the Rockefeller Habits: What You Must Do to Increase the Value of Your Growing Firm* by Verne Harnish

- *Matsushita Leadership: Lessons from the 20th Century's Most Remarkable Entrepreneur* by John Kotter（《廢墟中站起的巨人：一位哈佛學者眼中的松下幸之助》）
- *Ogilvy on Advertising* by David Ogilvy
- *Overhaul: An Insider's Account of the Obama Administration's Emergency Rescue of the Auto Industry* by Steven Rattner
- *Sam Walton: Made in America* by Sam Walton with John Huey（《Wal-Mart創始人山姆‧沃爾頓自傳》）
- *The Box: How the Shipping Container Made the World Smaller and the World Economy Bigger* by Marc Levinson（《箱子：貨櫃造就的全球貿易與現代經濟生活》）
- The Essays of Warren Buffett: Lessons for Corporate America by Warren Buffett and Lawrence Cunningham（《巴菲特寫給股東的信》）
- *The Go-Giver: A Little Story about a Powerful Business Idea* by Bob Burg and John David Mann（《給予的力量：改變一生的五個奇遇》）
- *The Halo Effect. and the Eight Other Business Delusions that Deceive Managers* by Phil Rosenzweig
- *The One Minute Manager* by Kenneth Blanchard and Spencer Johnson（《一分鐘經理》）
- *The Origin and Evolution of New Businesses* by Amar Bhidé

- *The Power of Full Engagement: Managing Energy, Not Time, Is the Key to High Performance and Personal Renewal* by Jim Loehr and Tony Schwartz（《用對能量，你就不會累：身體、情緒、腦力、精神的活力全開》）
- *The Power of Habit: Why We Do What We Do in Life and Business* by Charles Duhigg（《為什麼我們這樣生活，那樣工作？》）
- *The Startup Game: Inside the Partnership between Venture Capitalists and Entrepreneurs* by William Draper（《創投世家德雷珀》）
- *The Talent Code: Greatness Isn't Born: It's Grown, Here's How* by Daniel Coyle（《天才密碼》）
- *Whale Done! The Power of Positive Relationships* by Kenneth Blanchard, Thad Lacinak, Chuck Tompkins, and Jim Ballard（《你好棒！鯨魚訓練師告訴你讚美的力量》）
- *Who Moved My Cheese? An Amazing Way to Deal with Change in Your Work and in Your Life* by Spencer Johnson（《誰搬走了我的乳酪？》）
- *Working Together: Why Great Partnerships Succeed* by Michael Eisner with Aaron Cohen

經濟學類

- *Modern International Economics* by Shelagh Heffernan and Peter Sinclair

- *Predictably Irrational: The Hidden Forces that Shape our Decisions* by Dan Ariely（《誰說人是理性的！：消費高手與行銷達人都要懂的行為經濟學》）
- *The Economy as an Evolving Complex System* by Philip Anderson, Kenneth Arrow, and David Pines
- *The Rational Optimist: How Prosperity Evolves* by Matt Ridley（《世界，沒你想的那麼糟：達爾文也喊 Yes 的樂觀演化》）

遊戲類

- *500 Master Games of Chess* by S. Tartakower and J. du Mont
- *Homo Ludens: A Study of the Play-Element in Culture* by Johan Huizinga（《遊戲人: 對文化中遊戲因素的研究》）
- *Reality is Broken: Why Games Make Us Better and How They Can Change the World* by Jane McGonigal
- *Winning Chess Tactics for Juniors* by Lou Hays
- *Wise Choices: Decisions, Games, and Negotiations* by Richard Zeckhauser, Ralph Keeney, and James Sebenius

投資類

- *A Zebra in Lion Country* by Ralph Wanger with Everett Mattlin
- *Active Value Investing: Making Money in Range-Bound Markets* by Vitaliy Katsenelson（《積極型價值投資法》）

- *Beating the Street* by Peter Lynch（《彼得林區 征服股海》）
- *Common Stocks and Uncommon Profits* by Philip Fisher《非常潛力股》
- *Fooled by Randomness: The Hidden Role of Chance in Life and in the Markets* by Nassim Nicholas Taleb（《隨機騙局：潛藏在生活與市場中的機率陷阱》）
- *Fooling Some of the People All of the Time: A Long Short Story* by David Einhorn and Joel Greenblatt
- *Fortune's Formula: The Untold Story of the Scientific Betting System that Beat the Casinos and Wall Street* by William Poundstone（《天才數學家的秘密賭局》）
- *Investing: The Last Liberal Art* by Robert Hagstrom
- *Investment Biker: Around the World with Jim Rogers* by Jim Rogers（《全球投資漫談》）
- *More Mortgage Meltdown: 6 Ways to Profit in These Bad Times* by Whitney Tilson and Glenn Tongue
- *More than You Know: Finding Financial Wisdom in Unconventional Places* by Michael Mauboussin（《魔球投資學》）
- *Of Permanent Value: The Story of Warren Buffett* by Andrew Kilpatrick（《永恆的價值：巴菲特傳》）
- *Pioneering Portfolio Management: An Unconventional Approach to Institutional Investment* by David Swensen

- *Security Analysis* by Benjamin Graham and David Dodd（《證券分析》）
- *Seeking Wisdom: From Darwin to Munger* by Peter Bevelin
- *Short Stories from the Stock Market: Uncovering Common Themes behind Falling Stocks to Find Uncommon Ideas* by Amit Kumar
- *The Dhandho Investor: The Low-Risk Value Method to High Returns* by Mohnish Pabrai
- *The Manual of Ideas: The Proven Framework for Finding the Best Value Investments* by John Mihaljevic
- *The Misbehavior of Markets: A Fractal View of Financial Turbulence* by Benoit Mandelbrot & Richard Hudson（《股價,棉花與尼羅河密碼：碎型理論之父揭開金融市場之謎》）
- *The Most Important Thing: Uncommon Sense for the Thoughtful Investor* by Howard Marks（《有關投資與人生最重要的事：市場凶險詭譎，巴菲特每天必看！》）
- *The Warren Buffett Way* by Robert Hagstrom（《巴菲特勝券在握的12個原則》）
- *Value Investing: From Graham to Buffett and Beyond* by Bruce Greenwald, Judd Kahn, Paul Sonkin, and Michael van Biema
- *Where Are the Customers' Yachts? Or, A Good Hard Look at Wall Street* by Fred Schwed（《股票市場顯相實錄》）
- *Your Money and Your Brain: How the New Science of Neuroeconomics*

Can Help Make You Rich by Jason Zweig（《大腦煉金術：神經經濟學教您如何避免錯誤的投資》）

文學類

- *100 Years of Solitude* by Gabriel García Márquez（《百年孤寂》）
- *Hamlet* by Shakespeare（《哈姆雷特》）
- *Jonathan Livingston Seagull* by Richard Bach（《天地一沙鷗》）
- *Oliver Twist* by Charles Dickens（《孤雛淚》）
- *Zen and the Art of Motorcycle Maintenance: An Inquiry Into Values* by Robert Pirsig（《禪與摩托車維修的藝術》）

雜項類

- *Autobiography: The Story of My Experiments with the Truth* by Mahatma Gandhi（《我對真理的實驗：甘地自傳》）
- *City Police* by Jonathan Rubinstein
- *Endurance: Shackleton's Incredible Voyage* by Alfred Lansing（《冰海歷劫700天—「堅忍號」南極求生紀實》）
- *Long Walk to Freedom: The Autobiography of Nelson Mandela* by Nelson Mandela
- *Metaphors We Live By* by George Lakoff and Mark Johnson（《我們賴以生存的譬喻》）
- *Reagan: A Life in Letters* by Ronald Reagan

- *The Autobiography of Benjamin Franklin* by Benjamin Franklin（《他改變了美國，也改變了世界：富蘭克林自傳》）
- *The Checklist Manifesto: How to Get Things Right* by Atul Gawande
- *The Hero with a Thousand Faces* by Joseph Campbell（《千面英雄》）
- *The New British Constitution* by Vernon Bogdanor
- *The Power of Myth* by Joseph Campbell with Bill Moyers（《神話：內在的旅程，英雄的冒險，愛情的故事》）
- *Vor 1914: Errinerungen an Frankfurt geschrieben in Israel* by Selmar Spier
- *Walden: or, Life in the Woods* by Henry David Thoreau（《湖濱散記》）
- *Why America Is Not a New Rome* by Vaclav Smil

哲學、神學類

- *A Theory of Justice* by John Rawls（《正義論》）
- *Anarchy, the State, and Utopia* by Robert Nozick（《無政府・國家與烏托邦》）
- *Destination Torah: Reflections on the Weekly Torah Readings* by Isaac Sassoon
- *Halakhic Man* by Joseph Soloveitchik
- *Letters from a Stoic* by Lucius Annaeus Seneca
- *Man's Search for Meaning* by Viktor Frankl（《活出意義來》）
- *Meditations* by Marcus Aurelius（《沉思錄》）

- *Pirke Avot: A Modern Commentary on Jewish Ethics* by Leonard Kravits and Kerry Olitzky
- *Plato, not Prozac! Applying Eternal Wisdom to Everyday Problems* by Lou Marinoff（《柏拉圖靈丹：日常問題的哲學指南》）
- *Tao Te Ching* by Lao Tsu（《道德經》）
- *The Art of War* by Sun Tzu（《孫子兵法》）
- *The Consolations of Philosophy* by Alain de Botton（《哲學的慰藉》）
- The Mahabharata（《印度史詩：摩訶婆羅多》）
- *The Power Tactics of Jesus Christ and Other Essays* by Jay Haley
- *The Talmud*（《塔木德》）

心理學類

- *Affect Dysregulation and Disorders of the Self* by Allan Schore
- *Affect Regulation and the Repair of the Self* by Allan Schore
- *Attachment and Loss* by John Bowlby
- *Deep Survival: Who Lives, Who Dies, and Why; True Stories of Miraculous Endurance and Sudden Death* by Laurence Gonzales（《冷靜的恐懼：絕境生存策略》）
- *Descartes' Error: Emotion, Reason, and the Human Brain* by Antonio Damasio
- *Driven to Distraction: Recognizing and Coping with Attention Deficit Disorder from Childhood through Adulthood* by Edward Hallowell

and John Ratey（《分心不是我的錯：正確診療ADD，重建有計畫的生活方式》）

- *EMDR: The Breakthrough " Eye Movement" Therapy for Overcoming Anxiety, Stress, and Trauma* by Francine Shapiro
- *Flow: The Psychology of Optimal Experience* by Mihaly Csikszentmihalyi（《快樂，從心開始》）
- *Gut Feelings: The Intelligence of the Unconscious* by Gerd Gigerenzer
- *Influence: The Psychology of Persuasion* by Robert Cialdini（《影響力：讓人乖乖聽話的說服術》）
- *Love, Medicine & Miracles: Lessons Learned about Self-Healing from a Surgeon's Experience with Exceptional Patients* by Bernie Siegel《愛‧醫藥‧奇蹟》
- *Power vs. Force: The Hidden Determinants of Human Behavior* by David Hawkins（《心靈能量：藏在身體裡的大智慧》）
- *Simple Heuristics That Make Us Smart* by Gerd Gigerenzer and Peter Todd
- *The Archaeology of Mind: Neuroevolutionary Origins of Human Emotions* by Jaak Panksepp and Lucy Biven
- *The Art of Thinking Clearly* by Rolf Dobelli（《思考的藝術：52個非受迫性思考錯誤》）
- *The Developing Mind: How Relationships and the Brain Interact to*

Shape Who We Are by Daniel Siegel（《人際關係與大腦的奧秘》）

● *The Feeling of What Happens: Body and Emotion in the Making of Consciousness* by Antonio Damasio

● *The 48 Laws of Power* by Robert Greene（《權力世界的叢林法則》）

● *The Neuroscience of Psychotherapy: Healing the Social Brain* by Louis Cozolino

● *There Are No Accidents: Synchronicity and the Stories of Our Lives* by Robert Hopcke（《意外的禮物—生命中的機緣與巧合》）

● *Thinking, Fast and Slow* by Daniel Kahneman（《快思慢想》）

● *Waking the Tiger: Healing Trauma* by Peter Levine with Ann Frederick（《喚醒老虎：啟動自我療癒本能》）

● *Willpower: Rediscovering the Greatest Human Strength* by Roy Baumeister and John Tierney（《增強你的意志力：教你實現目標、抗拒誘惑的成功心理學》）

科學類

● *At Home in the Universe: The Search for the Laws of Self-Organization and Complexity* by Stuart Kauffman

● *Connected: The Surprising Power of Our Social Networks and How they Shape our Lives* by Nicholas Christakis and James Fowler

● *Deep Simplicity: Bringing Order to Chaos and Complexity* by John Gribbin（《深奧的簡潔》）

- *Emergence: The Connected Lives of Ants, Brains, Cities, and Software* by Steven Johnson
- *How Nature Works: The Science of Self-Organized Criticality* by Per Bak
- *Journey to the Ants: A Story of Scientific Exploration* by Bert Hölldobler and Edward O.Wilson（《螞蟻‧螞蟻》）
- *Linked: How Everything is Connected to Everything Else and What it Means for Business, Science, and Everyday Life* by Albert-László Barabási
- *Phantoms in the Brain: Probing the Mysteries of the Human Mind* by V. S. Ramachandran and Sandra Blakeslee（《尋找腦中幻影》）
- *Signs of Life: How Complexity Pervades Biology* by Ricard Solé and Brian Goodwin
- *Synaptic Self: How Our Brains Become Who We Are* by Joseph LeDoux

自立自助類

- *A Message to Garcia* by Elbert Hubbard（《送信給加西亞：影響一生的成功學聖》）
- *A Simple Act of Gratitude: How Learning To Say Thank You Changed My Life* by John Kralik
- *Acres of Diamonds* by Russell Conwell（《鑽石就在你身邊》）

- *As a Man Thinketh* by James Allen
- *Daring Greatly: How the Courage to Be Vulnerable Transforms the Way We Live, Love, Parent, and Lead* by Brené Brown（《脆弱的力量》）
- *Focusing* by Eugene Gendlin
- *Getting the Love you Want: A Guide for Couples* by Harville Hendrix（《相愛一生》）
- *Getting Things Done: The Art of Stress-Free Productivity* by David Allen（《搞定！2分鐘輕鬆管理工作與生活》）
- *How to Win Friends and Influence People* by Dale Carnegie（《卡內基成功學經典：人性的弱點》）
- *How Will You Measure Your Life?* by Clayton Christensen, James Allworth, and Karen Dillon（《你要如何衡量你的人生？：哈佛商學院最重要的一堂課》）
- *Keeping the Love You Find: A Personal Guide* by Harville Hendrix（《讓愛陪你走一段》）
- *Manifest Your Destiny: The Nine Spiritual Principles for Getting Everything You Want* by Wayne Dyer（《心想事成的九大心靈法則》）
- *Success: Advice for Achieving Your Goals from Remarkably Accomplished People* by Jena Pincott
- *Thanks!: How Practicing Gratitude Can Make You Happier* by Robert A. Emmons（《愈感恩，愈富足》）

- *The Go-Getter: A Story That Tells You How to Be One* by Peter Kyne

- *The Laws of Lifetime Growth: Always Make Your Future Bigger Than Your Past* by Dan Sullivan and Catherine Nomura（《人生成長的十堂課》）

- *The Power of Positive Thinking* by Norman Vincent Peale（《積極思考的力量》）

- *The Power of Vulnerability: Teachings on Authenticity, Connection, and Courage* by Brené Brown

- *The Road Less Traveled: A New Psychology of Love, Traditional Values and Spiritual Growth* by M. Scott Peck（《心靈地圖（新版）：追求愛和成長之路》）

- *Think and Grow Rich* by Napoleon Hill（《思考致富》）

- *Thrift and Generosity: The Joy of Giving* by John Templeton, Jr.

國家圖書館出版品預行編目資料

華爾街之狼從良記：一個價值投資者的旅程 / 蓋伊‧斯皮爾（Guy Spier）
著 ; 劉道捷譯. -- 初版. -- 新北市 : 大牌出版 : 遠足文化發行, 2016.02
　面 ;　　公分
譯自 : The Education of a Value Investor : My Transformative Quest for Wealth,
　　Wisdom, and Enlightenment

ISBN 978-986-5797-62-1（平裝）

563.5   104027833

華爾街之狼從良記
一個價值投資者的旅程

作　　者	蓋伊・斯皮爾
譯　　者	劉道捷
副總編輯	李映慧
編　　輯	林玟萱

總 編 輯	陳旭華
電　　郵	ymal@ms14.hinet.net

社　　長	郭重興
發行人兼 出版總監	曾大福
出　　版	大牌出版 / 遠足文化事業股份有限公司
發　　行	遠足文化事業股份有限公司
地　　址	23141 新北市新店區民權路108-2號9樓
電　　話	+886- 2- 2218 1417
傳　　真	+886- 2- 8667 1851

印務主任	黃禮賢
封面設計	十六設計
排　　版	極翔企業有限公司
印　　刷	成陽印刷股份有限公司
法律顧問	華洋法律事務所　蘇文生律師

定　　價	350 元
初版一刷	2016年02月

有著作權 侵害必究（缺頁或破損請寄回更換）